新潮文庫

一刀両断

櫻井よしこ著

新潮社版

11240

はじめに

国際社会の大変化を眼前にして、日本の立ち位置は、依然として、特殊で異様だ。にもかかわらず、戦後ずっと、私たちはそこに立ち続けてきた。

2700年近い長い歴史の中で、大東亜戦争以降の日本人は、自国民の命、領土、領海、領空を守る責務のすべては自国にあるという国際社会の摂理を、忘れ去ってきた。アメリカ依存の安穏の構図に浸りきって、北朝鮮のミサイル攻撃の脅威も、中国の日本侵略の脅威も、日米安保条約の誓いの下で基本的にアメリカが対処してほしいと、頼ってきた。日本の叡智《えいち》を結集し、死力を尽くす覚悟も国難を乗り越える気概も喪《うしな》ってきた。

こんな状況に日本が陥ったのは戦後のことだ。そしていまもずっと、基本的に、その政治風土の中に沈み続けている。広い国際社会を見渡しても、国力の強弱にかかわらず、こんな国は日本だけだろう。

しかし、歴史を振りかえれば、日本人はどんな時にも立派な国を創《つく》ろうと、ひたむきに努力する人々だった。7世紀初頭には「十七条の憲法」を定め、中華文明とは対照的な大和文明の国造りを目指した。

7世紀半ばの663年、天智天皇2年には朝鮮半島での白村江《はくそんこう》の戦いに数多くの船を送った。日本は完敗した。しかしこの戦いは「日本が情誼《じょうぎ》に基づいて百済《くだら》を援《たす》けた」戦いであり、「筋を通した義戦だった」。その結果、日本の独立は広く承認された。その余波として、朝鮮半島のもうひとつの国、新羅《しらぎ》も唐と戦って半島の独立を勝ち取るに至った（『白村江の戦』夜久正雄、国文研叢書《そうしょ》）。白村江の戦いは、実は日本と朝鮮半島の背後に控える唐との戦いだったのだ。夜久氏はこう書いている。

「当時、南北支那《シナ》を統一して世界国家として宇宙に君臨した隋や唐と対等の国家として交際しようといふこと（日本国の意志）が、破天荒のことである。東アジアの文明成立以来のことではなからうか」

日本は聖徳太子の時代以降、隋、唐と対等の国であることを宣言し、百済を助けて唐と戦った。敗北はしたが、日本はその後、唐・新羅連合軍の侵攻に備えて国内の体制固めを進めた。国防の気概を強める日本の姿を見て、最も刺激を受けたのが前述の新羅だった。如何《いか》に彼らが日本の在り様に発奮させられたかは、彼らが唐と共に日本に迫るべきときに、逆に唐に反抗したことからも明らかだ。新羅はこのとき、日本を蔑称《べっしょう》の「倭国」と記さず、「日本」と記したのである。

夜久氏はこれを「7世紀後半の東アジアの大事件」と形容した。日本は国力の強弱にかかわらず、他国の支配の下には入らないという気概に支えられて、どの時代にも、誇りある独立国として身を処してきたのである。そのような誇り高い歴史を有する日本でありながら、世界の動乱期といってよい現在、大東亜戦争敗戦の後遺症か、わが国は今も、アメリカ依存の心地よさの中に眠り続け、無策を続けようというのか。

国際政治が目の前で大激動しているのである。勇気を奮って、100年に一度の大変化の中で、戦後日本の在り方を検証し、国と国民を守り通す確かな道を確保したい。国際政治のプレーヤーたち、とりわけ日本にとって重要なアメリカ、中国の動きを観察し、そこに生じている本質的な変化を読みとろう。大国のあらゆる思惑が交叉《こうさ》する中で、いまほど日本が自らの長所短所を冷静に精査し、国益中心に戦略を磨くべきときはない。前向きに挑戦するとき初めて、どんな事態が起きても自らの足で立ち続けることのできる国に立ち戻れる。それができなければ新しい国際秩序構築のプロセスで、日本の国益は激しく損なわれるだろう。

アメリカは2016年の大統領選挙戦から、ドナルド・トランプ氏の大統領就任後4か月がすぎても深刻な政策のブレを見せ続けている。トランプ氏の「アメリカ第一主義」は、アメリカの国益を軸とする余り、国際社会に対する責任放棄につながる排他的外交や安全保障政策が目につく。トランプ政権の外交政策は多分に短期的視点に基づく傾向が強く、世界のリーダーとしてのアメリカの力に疑問符をつけざるを得ない。

政権発足以来、そのような好ましからざる印象を与えていたトランプ政権が、しかし、17年4月6日（アメリカ東部時間、以下同）、突然、大変身した。アメリカが世界の為《ため》に立ち上がり、パックスアメリカーナの国際社会を再現するかのように、シリア攻撃に踏み切ったのである。

シリアのバッシャール・アル・アサド大統領は2013年にも化学兵器を使用して国民を殺害した。同じことは繰り返さないと、国際社会に公約したにもかかわらず、17年4月4日、再び化学兵器を使用し、約90名の命を奪い、数百名に深刻な被害を与えた。トランプ大統領は、シリアの化学兵器使用の報告を受けてからわずか53時間半で、シリア内陸部の空軍基地、シャイラートへの攻撃を命令した。

59発の巡航ミサイル、トマホークによる電光石火の攻撃は、他国の紛争や戦争には介入しないとしていたトランプ氏が方針の大転換に踏み切り、オバマ政治と訣別《けつべつ》し、強いアメリカをよみがえらせた瞬間であるかに見えた。

その4月6、7両日にトランプ政権下で初の米中首脳会談が行われた。首脳会談の予定が組まれたとき、アメリカのシリア攻撃が勃発《ぼっぱつ》するとは誰も予測しなかった。当初、国際政治の専門家らは、米中首脳会談でトランプ大統領は習近平《しゅうきんぺい》国家主席に対して劣勢に立たされると危惧《きぐ》した。閣僚人事こそ固まったものの、局長級、部長級のポストにはまだ空席が目立つのがトランプ政権だったからだ。

一方、習氏の側にはどうしても対米外交を成功させなければならない理由があった。8月には中国共産党の長老たちが集う重要な北戴河《ほくたいが》会議が河北省の避暑地で開かれる。秋には党大会だ。習氏はいま党組織改革を目論《もくろ》んでおり、２０１６年秋、自身を毛沢東に匹敵する「党の核心」と位置づけた。今年の組織改革では政治局常務委員会を無力化し、習氏一人に権力を集中させる「中央委員会主席」という役職を新設すると報じられている。

21世紀の中国を20世紀の個人崇拝の時代に引き戻すかのような時代錯誤の大目標に向かって、習氏は突き進む。長老の反対論を抑え、党大会で了承を得て一連の国内政治課題を達成するまで、アメリカとの間に問題を起こす余裕は習氏の側には全くない。習氏にとって対米外交での「成功」は国内問題を捌《さば》く力につながる。トランプ氏と対等の立場に立ち、あわよくばアメリカに対する優位を内外に確立したい。そう考えて、習氏は首脳会談に臨んだことだろう。だが、59発のトマホークが状況を決定的に変えた。トランプ氏を呑《の》み込もうと考えていたであろう習氏が、トランプ氏の気勢に呑み込まれた局面だった。

トランプ氏はオバマ政権以来のアメリカの負のイメージを、シリア攻撃で大逆転させた。断固たる軍事力が国際政治を動かす要因であることをシリアへの攻撃は明確に示した。日本の論理とは程遠い次元で世界は動いている。シリア攻撃の立案、実行に貢献した中心人物は、ジェームズ・マティス国防長官、ハーバート・マクマスター国家安全保障問題担当大統領補佐官らであった。レックス・ティラーソン国務長官は、これらベテランの軍人とピッタリ呼吸を合わせて外交を取り仕切った。

テロリスト勢力とイスラム教の異なる宗派が対立し合い、ロシアとイランが実戦に介入して大きな影響力を行使し、サウジアラビアなどアラブ諸国の思惑も入り混じる複雑な中東の紛争地を攻撃すること自体、深刻な反応を引き起こす。不必要なことは一切しない。望まない摩擦は最大限回避する。4月6日の攻撃は計算され尽くしたものだった。

少なくともアメリカは、この攻撃で強いアメリカを再生させるとば口に立った。そのことを可能にした先の3名を、国家基本問題研究所の田久保忠衛《ただえ》氏は「手練《てだ》れ」と呼ぶ。伝統的な共和党路線への回帰を見せる手練れの兵《つわもの》とトランプ大統領との間には、しかし、大きな違いがある。

シリアでの化学兵器使用をトランプ氏が知らされたのは、4月4日午前10時30分、日々行われる大統領への情勢報告の席でのことだった。この時点でのトランプ氏は卑小な発想に囚《とら》われた未熟な大統領だ。氏は声明で、化学兵器使用の残虐《ざんぎゃく》さを非難し「アサド政権の極悪非道の行動は過去の（米国の）政権の不決断と弱腰が招いた結果だ」と述べた。アサド大統領とその背後にいるウラジーミル・プーチン・ロシア大統領を非難するのではなく、前任者のオバマ氏を攻撃した。そこにはシリア問題を如何に国際政治のダイナミズムにつなげ、失われつつあったアメリカの威信回復をはかるかという国家戦略も世界戦略も見てとれない。

だが、トランプ氏は「学習能力」を発揮したと「ウォール・ストリート・ジャーナル」紙（WSJ）は論評した。氏はアメリカが取り得る選択肢を直ちにまとめさせ、翌5日朝の議論を経て、早期に決断を下した。5日にはホワイトハウスにヨルダン国王、アブドラ2世を迎えて共同記者会見を行ったが、その席で早くも決意を語っている。

「昨日、罪もない人々、女性や子供たち、小さな赤ちゃんたちを、シリアが化学兵器で攻撃した。実に恐ろしい。多くの人の命を奪ったことは人道主義への侮蔑である。アサド政権の極悪非道の行いは許せない。アメリカは、この恐ろしい攻撃を、そしてその他の全《すべ》ての恐ろしい攻撃を罰するために、地球上の全ての同盟国と共に立つ」

他国のためにはもう戦わないとした「アメリカ第一」の姿勢を大転換させ、「地球上の全ての同盟国と共に立つ」と、一八〇度の転換を宣言してみせたのである。

翌6日、習氏との首脳会談に臨むためにトランプ氏は南のホワイトハウス、フロリダ州のマール・ア・ラーゴに到着した。午後4時、華麗なる別荘の、高度のセキュリティが担保された一室で今一度、国家安全保障会議（NSC）を開き、シリア攻撃の命令を発した。

大統領命令からわずか3時間40分後、地中海東部に展開中の駆逐艦2隻《せき》が59発のトマホークを発射した。所要時間5分。ミサイルは1時間後に着弾し始め、59発中57発が正確に目標をとらえた。

副大統領のマイク・ペンス氏を筆頭にティラーソン氏、マティス氏、マクマスター氏らが米議会の主要人物及び外国首脳らに事後報告の電話をかけ始めたのはこの頃だ。内外の反応は概《おお》ね、大きな驚きの中にも、軍事行動を支持するものだった。アメリカの関与を国際社会が望み、秩序形成とその維持をアメリカに期待したのである。

トランプ氏が習近平氏に事後報告したのもこの頃だった。チョコレートケーキのデザートを前にトランプ氏は「説明しなければならないことがある」と切り出したという。大統領の説明に、習氏は、10秒間、沈黙した。息詰まるような間を置いて、「もう一度、説明してほしい」と語ったそうだ。シリアへの突然の攻撃は、北朝鮮への攻撃をも示唆《しさ》する。同時に北朝鮮を擁護し続けてきた中国への警告である。習氏の驚愕《きょうがく》は大きかったはずだ。

少し息をついたあと、習氏はトランプ氏の報告に「謝意」を表明した。次に女性や子供たちを化学兵器で殺すことに対してのアメリカの攻撃を「理解する」と語った、と発表された。

習氏がトランプ氏に圧倒されたのだ。

中国共産党にとって国家主席は、日本の天皇陛下のように重みのある地位だといわれる。中国最高位の人物の行動は、それがメディアを通して報道される場合は、とりわけ注意深く演出される。権威を貶《おとし》めないための配慮はレッドカーペットの長さへの注文にまで及ぶ。「産経新聞」の矢板明夫記者は、習氏は背も低くてはならず、各国首脳との写真では、習氏が相手首脳より低く見えないように中国メディアは身長を修整するのが常だと指摘する。

笑い話のようなことが真剣に行われる程、中国はイメージにこだわる。最高位の人物が、シリア攻撃というトランプ大統領の方針大転換について何も知らないまま、アメリカのステーキやワインに付き合っていた事実は耐え難い程に屈辱的なはずだ。だが、習氏は「理解する」と言ってしまった。この時点では、トランプ外交はアメリカの大勝利だった。

米中関係は、しかし、外交の常として、まるで狐《きつね》と狸《たぬき》の化かし合いのようである。シリア攻撃は、確かに、トランプ氏の立場を劇的に優位に引き上げた。だが、習氏もまた、国際政治やアジアの歴史に疎《うと》いトランプ氏を巧く嵌《うまは》めた可能性がある。

シリア問題におけるロシアの役割と北朝鮮問題における中国の役割には共通点がある。ロシアも中国も、本気でシリア及び北朝鮮の暴走を止める気はないという点だ。

ティラーソン氏は4月9日のCBSニュースとのインタビューで、「シリアが化学兵器による攻撃を実施できたのは、シリアが国際社会に約束した化学兵器の廃棄をロシアが十分に管理監督しなかったせいだ」とロシアを非難した。トランプ氏は、中国には北朝鮮の核・ミサイル開発を阻止する力があるにもかかわらず、十分に影響力を行使していないと、中国に注文をつけた。

北朝鮮は核弾頭20個、ノドン型ミサイルと改良型スカッドミサイルを合わせて800基保有すると見られる。金正恩《キムジョンウン》朝鮮労働党委員長は、シリアが攻撃されたのは、シリアに核も反撃能力もないからだという冷徹な国際原理を理解し、遮二無二、核・ミサイルの開発を続行するだろう。

自ら核・ミサイル開発をやめることは決してないと思われる金正恩委員長に対して、トランプ大統領は「あらゆる選択肢を排除しない」と強気の姿勢を崩さないが、アメリカの選択肢は少ない。ティラーソン国務長官は3月15日からの日韓中3か国訪問で、「過去20年間のアメリカの政策は誤りだった」「戦略的忍耐の政策は終わった」と語る一方で、日本政府に「優先事項は軍事攻撃だ」と伝えている。

他方、アメリカの専門家の間には、武力行使で北朝鮮を阻止する段階はすでに過ぎたとの見方が少なくない。北朝鮮の核施設は岩山の深い洞窟《どうくつ》の中も含めて広く分散しており、報復能力も無視できない。同盟国の韓国と日本に凄《すさ》まじい戦禍を広げることも最大限避けたい。

こうした状況の中で、軍事力を最大限の抑止力としつつも、トランプ政権が最も現実的な北朝鮮抑止策だと見るのが、中国による経済的締めつけである。米中首脳会談で習氏にこう告げたと、4月13日、WSJの単独インタビューで、トランプ氏自身が語っている。

「(大幅な対中貿易赤字をアメリカは許容するつもりはない)だが、君はデカイ取引をしたいだろ? 北朝鮮問題を解決しろよ。それができれば赤字も許せる。それができれば、本来考えていた程の好条件で貿易問題が解決できなくてもいい」

北朝鮮問題を解決せよと命令口調である。トランプ氏はまた、北京は北朝鮮問題を簡単に解決できるだろうと、習氏に言ったそうだ。そのとき、習氏は中朝の幾千年にわたる歴史と、度重なる戦いについて説明したという。その内容をトランプ氏は次のようにWSJに語っている。

「朝鮮は中国の一部だったんだ」

「（習氏の説明に）10分耳を傾けたところで、事はそう簡単ではないとわかった」

朝鮮が中国の領土だったことなど一度もない。問題はトランプ氏の知識不足である。

トランプ氏は習氏の嘘《うそ》が真実であるかのように感心しており、さらにこう語っている。

「我々の合性は抜群だ。私は彼がとても好きだ。彼の妻もすばらしい」「冒頭の初顔合わせは10分か15分の予定だった。それが、3時間も話し込んだ」「翌日、また10分の予定を、2時間、会話した。本当に気が合うんだ」

首脳会談を経て、トランプ氏は大統領選挙戦当時の反中姿勢から融和姿勢に転じた。マール・ア・ラーゴでは、トランプ氏の予想外の攻勢にたじろいだ習氏だが、中国外交はしたたかだ。米国側は東シナ海、南シナ海、国際ルールの遵守《じゅんしゅ》と非軍事化、貿易不均衡、北朝鮮の核開発などについて、中国との対立点を埋めることはできていない。南シナ海の非軍事化を迫るトランプ氏に対し、習氏は譲るどころか、南シナ海の人工島に造った滑走路は「居住用だ」と、白々しく言い逃れた。

中国の対米外交の基本は、米中が対等の立場に立つ大国同士であることをアメリカに受け入れさせることだ。「新型大国関係」という言葉に凝縮されるこの二大国構想の特徴は、核心的利益の相互尊重に尽きる。チベット、ウイグル、台湾、南シナ海、そしてわが国の尖閣《せんかく》諸島を、絶対に譲れない中国の核心的利益と定義し、これを尊重せよとアメリカに要求する。そのかわり、中国もアメリカの核心的利益を尊重し、大国同士、相互尊重の精神に基づき、干渉しないという内容だ。中国は、アメリカを新型大国関係の枠内に誘い込むべく、長年働きかけてきた。

この中国の罠《わな》に嵌まったかに見える発言を、ティラーソン国務長官がしている。3月18日、氏は中国で王毅《おうき》外相と会談し、米中関係は「相互尊重」や「ウィンウィンの協力」を指針としてきたと発言した。中国が新型大国関係の構築を迫るときに必ずと言ってよい程使う用語だった。そのために、国務長官の発言はワシントンで物議を醸《かも》した。

北朝鮮の核・ミサイル開発阻止で中国の協力が得られない場合、アメリカ単独で対処すると習氏にすごんだトランプ大統領まで、「相互尊重」と口走った。ニクソン大統領の研究で名高い先の田久保氏は、一連の表現の背景に駐米中国大使、崔天凱《さいてんがい》氏の働きかけがあったと指摘する。

「ティラーソン氏が3月に日韓中を歴訪する前に、崔大使がクシュナー氏に働きかけていたのです」

ジャレッド・クシュナー氏は36歳、不動産業が本業で中国資本との縁も深い。トランプ氏の長女、イヴァンカ氏の夫、トランプ氏の身内として、義理の父に強い影響力を有する。

「ニクソン政権時代、中国はキッシンジャー氏に接近して自国の国益につなげました。その事例に見られるように、中国はホワイトハウス、つまり大統領に影響を与える人脈作りに努力を惜しみません」と、田久保氏は指摘する。

崔大使はクシュナー氏に接近し、まず、2月9日の米中首脳の電話会談を実現させた。会談は、その少し前に生じた「ひとつの中国政策」をめぐる米中の溝を埋めるのが目的だった。電話でトランプ氏は米中間の40年来の政策である「ひとつの中国政策」を尊重する旨《むね》を習氏に伝え、見返りに、北朝鮮への強いコントロールと貿易赤字削減を中国に要求した。「台湾と北朝鮮のバーター」ともとれるトランプ氏の戦略なき「ディール」外交の危うさが露呈した。その先には、すでに触れたように、マール・ア・ラーゴでの首脳会談で、中国が北朝鮮をコントロールすれば、貿易赤字問題についてもあまりこだわらないというアメリカ側の譲歩がある。

一方で、興味深い変化が起きていた。首脳会談からわずか5日後、米中首脳が再び約1時間にわたり電話で会談したのだ。習氏は北朝鮮問題でアメリカの期待に応《こた》えるべく、石炭を積んだ北朝鮮の船が中国の港に入ろうとしたのを拒否したと、トランプ氏に報告した。

アメリカ政府も日本政府も、日本海を数十隻の北朝鮮船籍の船が忙しく往来していることを把握している。年間累計《るいけい》で三桁《けた》に上るこれらの船の殆《ほと》んどが、船籍は北朝鮮だが2年契約で中国にチャーターされている。それらが荷を積んで北朝鮮と中国間を往来している事実は、中国が密貿易で北朝鮮に物資を供給し続けていることを意味する。

2016年の5度目の核実験を受けて国際社会は制裁を強化し、中国は、北朝鮮の主な収入源である石炭の輸入停止を発表した。だが、彼らは国際社会を騙《だま》していたのだ。ロシアがシリアの化学兵器の備蓄や製造を見逃し続けたように、中国は金正恩氏の核・ミサイル開発を事実上容認して、日本海を舞台に密貿易を許し続けていた。そのことをアメリカも十分知っていた。

この電話会談で重要なのは、中国がアメリカの意向を受けとめたことを、習主席がトランプ大統領に直接伝えたことである。さらにトランプ氏が習氏に、国連の安全保障理事会でのシリア決議で協力を要請し、4月12日の国連安保理で、習氏がそれに応えたことである。

中国は過去6回、ロシアと共に拒否権を行使してシリアを守ってきたが、今やアメリカに従う姿勢だ。中露間に隙間《すきま》が生じ、米中は、その分、接近したことになる。

わが国が自覚すべきことの第一は、中国の脅威の凄まじさである。本書でも触れたが中国は「偉大なる中華民族の復興」の名の下に、21世紀の地球の覇者になるべく、ひた走る。「一帯一路」構想は、大東亜戦争後にアメリカが施したマーシャル・プランの実に12倍の規模である。アジアインフラ投資銀行（AIIB）の設立と相俟《あいま》って、一帯一路構想で中国は地球の経済構造、政治構造を中国を軸として作り変える野望を抱いている。毛沢東、鄧小平《とうしょうへい》に続く偉大なる指導者として、習近平氏は中国を国際社会のあらゆる面で求心力を持つ存在に押し上げようと画策する。影響力を及ぼすために世界を網羅する中国圏を、世界の港を拠点としてネットワークを作ることによって実現しようとする。彼らはギリシャの港、ピレウスを2億8000万ユーロ（340億円）で購入した。セーシェル、ジブチ、パキスタンの各港へとつながる中国支配の地政学は、商取引の次元から、俄《にわ》かに強力な軍事的性格を帯びるものとなった。

中国はまた「宇宙軍」も創設した。宇宙での支配を確立して空を制し、空を支配して陸と海を制する目論見である。アメリカが北朝鮮問題で中国に猶予《ゆうよ》を与えた間に、中国は4月20日、初の宇宙貨物船の打ち上げに成功した。次世代運搬ロケット、「長征7号」が打ち上げた無人の宇宙貨物船は「中国独自の技術」だと彼らは自信をひけらかす。2030年までに米露と並ぶ宇宙強国となるために、中国だけの宇宙ステーションも建設中だ。

日本や米欧露が共に維持する国際宇宙ステーションは、2024年以降の運営方針が未定である。仮に国際宇宙ステーションの運営が経済上の理由などで打ち切られれば、中国の宇宙ステーションだけが残る。中国の宇宙開発は明確に軍主導で行われているために、中国の軍事力が世界を支配することになる。

21世紀の諸国の国力は人工知能とスーパーコンピューターが支える。一旦《いったん》達成すればどの国も挑戦することすらできない一大強国を出現させるのが、人工知能とスパコンによる「シンギュラリティ」（特異点）である。その水準に、中国が2〜3年で到達するかもしれない。そのとき日本はどうするのか。中国は他のどの国よりも日本を敵視している。尖閣諸島に迫り、日本の国土を買収し、軍事力を背景に物理的に日本を支配する可能性もある。

日本人の精神を打ち砕くために、彼らは執拗《しつよう》な歴史戦も仕掛け続ける。トランプ氏に朝鮮の歴史をゆがめて伝えたように、中国は国を挙げて日本の歴史を歪曲《わいきょく》し捏造《ねつぞう》する。歴史戦と、日本を貶めることに注ぎ込まれる中国政府の異常な情熱を見るとき、日本が中国共産党の憎しみの対象となっていることを痛感せざるを得ない。隣りに邪悪な意図を抱く共産党支配の国がある。だからこそ、日本は賢く勁《つよ》い国にならなければならない。

もう一点自覚すべきことがある。わが国の大戦略が日米同盟の最重要視にあるのは明らかだが、北朝鮮有事が近い現在、同盟重視にとどまらず、国民救出の力を強化すべきなのは国家として当然だ。しかし、有事において、わが国は自衛隊を派遣して横田めぐみさんをはじめ拉致《らち》被害者の救出に当たらせることはできない。このような日本の在り方を放置してきた私たちは、拉致被害者の家族の皆さんの切迫した想《おも》いを理解できていないと言われても仕方ない。

ペンス副大統領は、「平和は力によってのみ初めて達成される」と安倍首相に語った。4月24日時点で朝鮮半島に向けて航行中の米海軍、原子力空母カール・ビンソンとわが国海上自衛隊は西太平洋で共同訓練を行った。訓練も体制の整備も十分に行うべきだ。だが、現行憲法と現行法の下では、北朝鮮への経済封鎖の一環としての海上封鎖でさえ、わが国は十分にはできない。自衛隊は北朝鮮の船舶検査を船長の同意なしには実施できず、北朝鮮の船長が日本による船舶検査を許すはずがないからだ。また、たとえ船舶検査を実施しても不審な積み荷の押収《おうしゅう》及び武装解除はできない。できるのは航路や目的地変更の要請のみだ。できないことだらけの日本が対北朝鮮海上封鎖の穴になりかねない現実がある。このような現状こそ、日本の危機である。

アメリカは現在、日本にとってどの国にも代え難い同盟国だが、かと言って同盟関係は永遠ではない。永遠なのは国益のみである。アメリカも中国も国益に基づいて行動する。歴史を振りかえれば、米中が結び日本が疎外《そがい》され、困難な状況に陥った事例も少なくない。だからこそ日本は急いで自力で立てる普通の国にならなければならない。アメリカを頼る一方であってはならず、アメリカにとっても信頼できる同盟国になるのだ。

5月27日、イタリア南部のタオルミナで主要国首脳会議が閉幕した。日米欧の主要7か国（G7）はかつてない結束の亀裂《きれつ》を露呈した。アメリカ国内でロシアとの不透明な関係、「ロシアゲート」を追及され続けているトランプ大統領が、外交における積極攻撃で支持率低下を挽回《ばんかい》する姿勢かと論評するメディアは少なくなかった。明らかにG7の結束は揺らいでいる。一方で「中国とロシアが入らないG7が生産的か、アメリカは見極める」と米ホワイトハウス高官が語っている。国際政治と力学が根本から変化し始めているのである。

世界情勢が大変化する可能性も、大きな混乱が生ずる危険性も否定できない。

いま、私たちが最重要事として問うべきは、アメリカの動向でも中国のそれでもないだろう。両国の動きを注意深く監視しながら、私たち自身、日本の未来をどこに導くかを、祖国に対する責務として、決めなければならない。国際社会は現在の日本国を覆《おお》っている価値観とは程遠い次元で動いている。国際社会の行動原理を直視し、100年に一度の大変化を日本再生に活《い》かすのだ。国際政治を動かす力、力の活用法を見届けるこのうえない機会が眼前にある。歴史上わが国は幾度も外来の文化や制度を受け入れて大きな変化を体験してきた。その度に国の土台は強くなった。いま再び私たちは雄々しく変わるときだ。

アメリカ、中国、ロシア、朝鮮半島と、広く世界を見渡せば、日本が自力で自国民と国土を守るにはどうすればよいかが自《おの》ずと見えてくる。日本の力と価値を取り戻すために、国の形を変えること、即《すなわ》ち、憲法改正が必要である。5月3日、安倍晋三首相が、憲法9条1項、2項をそのままにして、自衛隊の存在を書き込むことを、自民党総裁として提言した。日本は本来どんな国だったのか。日本の国柄を理解することがとても重要である。そのうえで日本国民と日本国を守る力としての海上保安庁を強化し、自衛隊を真っ当な国軍にしなければならない。100年に一度の大変化に国際社会全体が直面しているのである。急ぐのがよい。急がなければならない。国際社会は決して待ってはくれない。憲法改正を軸に、しっかりした国を構築するのだ。一日の遅れが日本の未来を危うくすると心に銘ずるときだ。

平成29年5月29日

一刀両断　目次

第3章　日本は誇り高き道を進め

第4章　国を守る気概を持て

第5章　歴史を正しく知れば何も怖くはない

第6章　世界が期待する日本の国力を示せ

一刀両断

第1章　中国の脅威から目を逸《そ》らすな

人権派弁護士を弾圧する中国に強く抗議せよ

２０１５年12月16日、中国浙江省で開幕した「世界インターネット大会」で習近平主席が演説した。内容は「ネット空間は無法地帯ではない。秩序を構築しなければならない」として、「各国が自主的に管理するネット主権の原則を貫くべきだ」と強調するものだった。

中国には中国のやり方がある、世界は干渉するな、と言っているのである。この習演説と、その２日前に北京市第二中級人民法院（地裁）で開かれた人権派弁護士、浦《ほ》志強《しきょう》氏に対する初公判はいずれも、習政権が目指しているのは批判に非寛容な硬直した社会であることを示している。

浦氏は２０１４年5月3日、内輪の研究会「天安門事件25周年記念検討会」に参加したことを咎《とが》められ、6日早朝に刑事拘留された。勉強会は実は個人の自宅で内輪の会として行われた。理由は公《おおやけ》を煽動《せんどう》する会ではないということを示すためだった。にも拘《かかわ》らず、浦氏らは「騒動を引き起こした罪」と「個人情報の不正取得」の容疑で逮捕された。同11月には「国家分裂煽動罪」と「民族の恨みの煽動罪」も追加された。以来彼は1年7か月間拘束され、先日の初公判では右の4つの罪の内、騒動を引き起こした罪と民族の恨みの煽動罪の2つに問われた。

弁護人によると、浦氏は「秩序も乱しておらず、民族の恨みも煽《あお》っていない」と、罪状を否認したが、氏の主張が聞き入れられ、裁判が公平に行われる保証は全くない。

米国務省は浦氏の拘束がすでに1年7か月に及ぶことに重大な関心を示し、即時釈放を求めた。北京の米国大使館員は、即時釈放を求めた抗議文を北京の裁判所前の路上で読み上げた。米国メディアは、この大使館員が中国の公安当局者に囲まれ排除される映像を報じた。

対する中国外務省は直ちに「中国の司法権と内政への干渉をやめよ」と反論したが、この間、わが国政府は一体何をしたか。浦氏に対する中国政府の理不尽な弾圧に、公然と抗議の声を上げることはしないのか。

胆子大《ダンズーダー》

習政権の断固たるインターネット規制も、人権派弁護士らに対する言論弾圧と偏向裁判も、共産党批判の情報がネットで拡散され大衆運動に結びつくことへの、習指導部の恐怖心を反映しているのは明らかであろう。

事情に詳しい専門家は、中国共産党の「連中」は和平演変を本当に信じていると語る。たとえば中国の国防大学で教材として使われている記録映画に「較量無声」（声なき戦い）がある。ソ連崩壊と東欧諸国のソ連離れのプロセスを描いたもので、全《すべ》てがアメリカの陰謀でなされたという筋書きになっている。

中国に対しても同じようにアメリカは陰謀を仕掛けているのであり、それは情報戦に端的に表われていると、彼らは見ているというのだ。だからこそ、習政権は浦氏の主張と活動に心底脅えるのである。

浦氏とはどんな人物か。氏は1965年、河北省で生まれた。89年の天安門事件当時、中国政法大学の院生だった氏が、「時報自由」「結社自由」（報道の自由と結社の自由）と書き込んだセメント用ズダ袋を着込んでハンストに参加した姿がニュース映像に残っている。

夥《おびただ》しい犠牲者を出した天安門事件以降、海外に逃亡した民主化運動のリーダーは少なくない。国内に残ったリーダーも多くが天安門事件には目をつぶり、ビジネス界での成功を目指した。そうした中、浦氏は中国に残り、弁護士資格を取得、97年から弁護士活動を通じて問題提起してきた。専門家は浦氏についてこう語る。

「海外に逃れたり、経済界に進んだ人々は、民主化リーダーとしてのカリスマ性を失いました。浦氏については胆子大《ダンズーダー》（肝っ玉が大きい）との評価がもっぱらで、ピカピカの人権派として尊敬を集めています」

浦氏は、ノーベル平和賞を受賞した民主派作家の劉暁波《りゅうぎょうは》氏の親友でもある。彼は劉氏らと共に中国の民主化を求める「〇八憲章」にも署名している。

浦氏は中国を代表する現代芸術家の艾未未《アイウェイウェイ》氏とも非常に近い。氏は北京五輪のスタジアム、通称、鳥の巣をデザインしたことでも知られる。2008年、四川大地震が発生したとき、少数民族の子供たちが通う小学校の建物がまっ先に潰《つぶ》れたのとは対照的に、中国共産党の建物は倒壊せず無事だった。「なぜか」「調査せよ」と艾氏はブログで呼びかけた。艾氏のブログは直ちに閉鎖され、氏は11年4月に脱税容疑で拘束された。氏は81日間拘束された後、同年6月に保釈されたが、後に追徴課税など約1500万元（約1億8000万円）の支払いを命じられた。氏は直ちに寄付を呼びかけ、瞬《また》く間にお金は集まった。氏に対する中国社会の支持の強さを証明するものであろう。氏は一人一人の寄付者に自分のデザインした切手を貼《は》って借用証を送った。艾氏が保釈された後、彼の弁護を引き受けたのも浦氏である。

弁護士としての浦氏の活躍は、労働教養制度問題を取り上げたことに象徴されるだろう。同制度は、刑罰を受けた人間に強制労働を科して再教育するもので、司法判断なしに、公安が独断で最大4年間、拘留することができるという悪《あ》しき制度だ。もともと同制度は1955年に、反革命運動取締りのために考案された。その後、反右派闘争、反党分子取締り、法輪功を狙《ねら》ったカルト集団取締り、というふうに対象が拡大された。

浦氏は労働教養制度の被害者救済の弁護活動を、重慶市に的を絞って展開した。同市は失脚した薄熙来《はくきらい》氏が書記を務めた地で、薄氏は労働教養制度を多用し、打黒（悪を懲《こ》らす）のスローガンを掲げて5000人もの逮捕者を出していた。習氏との関係も緊張する中、浦氏が薄熙来問題を掘り起こすことは、習氏にとって全く問題ではなかった。

結論から言えば、労働教養制度は2013年に廃止され、浦氏の活動が廃止に貢献したと評価されて、氏の名声は高まった。

浦氏が次に取りかかったのが、「双規」問題だった。双規とは中国共産党員で規律違反を犯したとされる人物に、党の規律検査委員会が時間と場所を指定し、出頭を求めて取り調べを行うことだ。出頭は任意とされているが、現実にはいきなり連行されるケースが圧倒的に多い。ライバル追い落としの口実に規律違反が利用されることもある。連行後は激しい拷問《ごうもん》が加えられるとも言われている。

浦氏は2013年、この「双規」で死亡した事例を積極的に調べた。1人目のケースは浙江省の国有企業の技術者、於其一氏である。彼は同年4月、4か月にわたる双規の取り調べで死亡した。家族には水死と告げられたが、遺体は傷だらけで、頭から氷水に突き落とされるなどの拷問を受けていたことが判明した。

大衆の覚醒《かくせい》

2人目の犠牲者も、全身傷だらけで死亡していた。3人目の犠牲者は双規で連れ去られ、植物状態にされて家族に戻され、2か月後に死亡した。浦氏はこれらの問題を告発し続けた。前出の専門家は述べる。

「浦氏の問題解決法の特徴は、大衆に問題を認識させることにあります。情報が制限されている中国社会では、人々はなかなか、社会の真の問題を理解することができにくい。問題山積なのに人々の関心が薄い事柄は少なくない。そこで浦氏は、大衆の心に訴えかける象徴的事例を巧みに浮き上がらせ、注目させる。大衆に問題の所在を悟らせることで、世の中を変えていく。13億の民を動かす鍵《かぎ》を、浦氏をはじめとする人々が持っているかもしれない。その意味で中国共産党にとっては最も恐るべき人物でしょう」

浦氏は、２０１３年には米『フォーリン・ポリシー』誌で世界の思想家１００人の１人に選ばれた。中国の雑誌『南方人物周刊』の表紙も飾った。内外で評価を確立した浦氏が、双規に象徴される共産党の暗黒の査問体制を暴《あば》いたのである。前出の専門家は、しかし、そのことによって浦氏は習政権の逆鱗《げきりん》に触れたと見る。

中国共産党は自らの生き残りのために、日本を筆頭に外国に対する深い猜疑心《さいぎしん》を国民に抱かせ、強い抗戦精神を植えつける。彼らが、民主主義や人権という「美しい」価値観を掲げる米国や日本の外交は平和外交を装《よそお》いながら中国の体制転覆を狙う戦略であり、和平演変だと信じていることはすでに触れた。国民にもそう教え、それ以外の物の見方や、考え方を許さない。国民は政府にとって最も都合のよい考え方を信じ続ければよいだけの存在なのだ。そのように考える習政権にとって、インターネット規制は必須《ひっす》のことであろう。

にも拘らず、情報を拡散し問題意識を植えつけ、大衆を覚醒させようとするのが浦氏である。習政権下、中国共産党は決して浦氏弾圧をやめないであろうことが見えてくる。

このような時こそ、日本は中国の民主派の人々を支援するのがよい。自由と法治の価値観を掲げ、中国に物申し続けるのが、日本にとって最善最強の対中政策であると肝に銘じたい。

（2015年12月31日・2016年1月7日号）

【追記】

浦志強氏は北京の第二中級人民法院（地裁）で、懲役3年、執行猶予《ゆうよ》3年の判決を下された。氏に対しては厳しい監視が続いているが、情報筋によると静かに暮しているということだ。中国が未来永劫《えいごう》、現在のような言論弾圧と不正を横行させながら政権の求心力を維持し続けることはできないだろう。必ず、中国は変質を遂げる。その時、浦氏ら民主化の旗を掲げる人々が重要な役割を担《にな》うだろう。

最先端治療を妨げる原子力規制委を監視せよ

２０１５年12月、鹿児島県にある九州電力川内《せんだい》原発を取材して考えた。東日本大震災以降、原子力発電の安全基準は大幅に強化され、日本の規制基準は世界で最も厳しくなった。全原発が止められた中で先頭を切って再稼働《さいかどう》を許された川内原発のいたる所に、原子力規制委員会の感心できない考え方が見てとれた。杓子定規《しゃくしじょうぎ》で、合理性を欠く硬直した精神である。

広い敷地の方々に大容量の給水用ポンプ車、どこにでも大量に注水可能な放水砲、高圧発電機車、緊急用車輛《しゃりょう》や復水タンクの数々が配置され、幾つかは太い鎖で分厚いコンクリートの床につながれていた。竜巻対策であるのは明白だが、果たしてここまで必要なのかと、心底考え込んだ。

九州電力は、川内原発再稼働に漕《こ》ぎつけるまでに40万頁《ページ》もの書類を作成させられた。10万頁の書類作成はこれまでの取材で知っていたが、流石《さすが》に40万頁は初めてだ。

分量にしてみると、厚さ10センチのキングファイル150冊が10万頁である。これを積み上げると、高さ15メートル、5階建の建物に相当する。川内原発の場合、この15メートルの書類の柱、4本分を作成して初めて規制委の要求を満たすことができたわけだ。

しかしそんな膨大な量の書類を一体誰が審査するのか。九州電力は書類を台車に積んで何度も往復して運んだが、規制委はそれをどうしたのか。保管庫に積み上げたのか。こんな前近代的手法で原発の安全審査が行えるとは到底、思えない。事実、このような形で書類作成を命じ、提出させるのは、少なくとも先進国では日本だけだ。このことだけで、正常な神経の持ち主は原子力規制委員会の姿勢に強い疑問を持つはずだ。

米国では全ての応答は迅速にメールでなされる。規制委はいつでも現状をチェックできるし、事業者は疑問や質問をこれまたいつでもメールで送り、回答や指示を受けとれる。諸外国では当然の電子ファイルでのやりとりが、日本では許されていない。なぜ駄目なのか。全てを紙に転写して提出させる理由は何か。規制委の手法は疑問だらけであり、このような規制委が原発の安全性に関して最高権威者であり続けることに、わが国の科学の暗い展望を見る思いだ。

規制委は電力会社に不必要な負担を強いているだけではなく、実は、助けられる人命を犠牲にし続けてきた。私は京都大学原子炉実験所の事例を念頭に置いて、この文章を書いているのだが、京大原子炉実験所は、日本が世界に誇る最先端の研究によって、年間数十人規模の命を助けてきた。後述するように、その治療がこの1年半以上、停止され続けている。規制委の不適切な規制で失われている命があるということだ。原子炉の安全確保は当然だが、どう見ても、規制委には決定的な問題と行き過ぎがある。

人命を脅《おびや》かす

彼らは、強大な権限を与えられた3条委員会としての独立性を、事業者とは話し合わずに孤立することだと誤解しているのではないか。本来規制委は、現場を一番よく知る事業者と対話し、助言し、原発及び原子力利用施設の安全性を高め命を守るために、互いに協力する立場にある。しかし、彼らは現場を無視し、見当外れの安全審査を行い、人命を脅かす結果さえ招いている。

規制委が止めさせた京大の先駆的研究とは、具体的には中性子を使った基礎研究と、加速器駆動未臨界炉の研究であり、共に世界の注目を集めていた。その両方が、完全にストップしているのである。

中性子活用の研究のひとつに「ホウ素中性子捕捉《ほそく》療法」（BNCT）という癌《がん》治療がある。これも完全に中断させられたままだ。

京大原子炉実験所・原子力基礎工学研究部門の宇根崎博信《うねさきひろのぶ》教授が語る。

「京大が最重視する社会貢献が癌治療のBNCTです。私たちは研究の傍ら週1日をBNCT治療に割き、年間40人から50人を治療し、難しい癌から救ってきました」

1990年以降、京大はBNCTの臨床研究として500症例以上を扱っており、症例数及び適用範囲の広さで世界最高水準を誇る。

ちなみにBNCTでは、ホウ素を含んだ特殊な薬剤を投与し、癌細胞が薬剤を取り込んだタイミングで中性子を当てる。中性子を吸収した途端にホウ素はパンと割れ、その際の放射線（アルファ線）で癌細胞は死滅する。アルファ線の飛距離は細胞1個よりも短いため、癌細胞だけを破壊し隣接する正常細胞は傷つけない。このように正確に癌細胞だけを攻撃できるため、癌の患部と正常組織がまじり合っている悪性度の強い場合でも有効で、これまで困難だった治療が可能になった。適用範囲は当初の脳《のう》腫瘍《しゅよう》と悪性黒色腫から、舌癌、口腔《こうくう》癌、耳下腺《じかせん》癌、肺癌、肝癌に広がり、いまや癌克服の決め手として熱く期待されている。

ＢＮＣＴの成功には、原子炉を運転して作る中性子を安全に扱う原子力工学、ホウ素を含む薬剤を開発する薬学、放射線治療専門の医学の３チームによる高度の連携が欠かせない。これら全てが揃《そろ》っているのは世界で京大原子炉実験所だけである。にも拘らず、ＢＮＣＴを含む中性子を用いた基礎研究が規制委に止められているのである。

世界をリード

その理由は、川内原発の安全審査に見られるのと同様の、柔軟性と合理性を欠く規制委の杓子定規な精神にある。規制委は２０１３年に商業発電用原発の規制を大幅に強化した厳しい新基準を打ち出し、これを実験・研究用原子炉にも適用した。ところが、川内原発は１号機も２号機も各々《おのおの》89万キロワットという大型である。対して京大の原子炉は出力５０００キロワットと１００ワットだ。近畿大学の研究用原子炉は出力わずか１ワットである。これは豆電球と同じで、空気で十分に冷却できるサイズだ。

京大の研究用原子炉も近畿大の研究用原子炉も商業発電用の原子炉とは全く規模が違う。にも拘らず規制委は大規模商業発電用原子炉と同じ基準を、京大にも近畿大にも規模の違いなどお構いなしに当てはめた。地震、津波、竜巻、テロ、航空機の衝突、火災、活断層など全てを網羅した厳しい対処と、膨大な量の書類作成も求めた。

宇根崎氏ら研究者・教授は過去2年間、規制委対応に追われ、書類作りが仕事の中心となり、本来の研究においては遅延遅滞が続いている。学生たちも研究用原子炉の運転が停止されたため、学べなくなった。近畿大は窮余の策として学生を韓国の水原《スウォン》に送り、慶熙《キョンヒ》大学の試験研究炉で学ばせている。かつて日本は、慶熙大学をはじめソウル国立大学など韓国6大学の精鋭学生約20名を毎年、京大原子炉実験所に迎え、教えていた。それがいま逆転したのだ。

ＢＮＣＴ同様、京大が世界をリードする加速器駆動未臨界炉の研究も止められた。同炉は放射性廃棄物に含まれる元素でウランやプルトニウムよりも重い厄介者、たとえばアメリシウムなどを原子炉に入れて半減期の短い元素に変える、核変換処理にも使える優れたシステムだ。宇根崎氏が語る。

「世界各国がこの次世代原子炉の研究をしています。概念設計に必要な基礎研究、実験データにおいては、京大が先駆的存在です。諸外国が猛烈に追い上げていますが、世界をリードしているのは私たちです」

こうした世界最先端を行く日本の貴重な研究がすべて、規制委によって止められているのである。宇根崎氏は原子力研究を目指す志ある学生たちのためにも研究再開を切望している。日本の先駆的研究と人の命を守るために、政府は規制委に対する監視と助言の機能を果たせ。

（2016年1月14日号）

【追記】

2016年5月及び9月、原子力規制委員会は京都大学の原子炉実験所と近畿大学の原子力研究所の各原子炉の安全基準が満たされたとして、安全審査の合格証、「審査書」を正式決定した。今後、手続きが完了し次第、再稼働する見込みだ。それでもまだ、規制委の愚かで硬直した安全審査は、基本的に全く変わっていない。政府は規制委の田中俊一委員長をはじめとする人事を交替させるべきだ。

チベットの悲劇、中国の蛮行を許すな

2016年1月の連休中に、3年9か月振りに日本を訪問したチベット亡命政府の首相、ロブサン・センゲ氏にお会いした。米国ハーバード大学で上級研究員の地位にあった氏は、2011年4月にチベット人の自由選挙によって首相に選ばれ、亡命政府のあるインド北部のダラムサラに戻った。ダライ・ラマ法王14世から政治指導者の地位を受けついだ氏は、16年8月、5年間の第1期を終えるが、4月の選挙で再選を目指す。

妻のケサン・ヤンドンさんも一人娘のメンダ・リナさんも15年2月、ハーバード大学のあるボストンからダラムサラに移り住んだ。メンダさんはいま8歳、完全な英語圏からチベット語圏へ、西欧近代社会から東洋の簡素かつ自然の摂理に多くを委《ゆだ》ねる社会へと移り住んだ。幼い淑女は両方の言葉で日本の童話を語ってくれるなど、健気《けなげ》かつ利発だった。

センゲ氏は家族と共に「チベット人として生き、チベット人として死ぬのが願い」だと語る。これから長い間、チベット人としての闘いが続くが、氏は最も困難な課題に、誰よりも率先して取り組む人間でありたいと、笑みを浮かべながら語った。

1月11日、千葉工業大学とシンクタンク「国家基本問題研究所」が共催したシンポジウムで、センゲ氏が基調講演を行った。氏は、学生たちに日本の平和な現状からは想像もつかないチベットの厳しい現実を伝えた。講演が自《おの》ずと中国のチベット政策への批判となったのは、チベットの歴史を見れば当然であろう。

中国は、台湾などと共にチベットを核心的利益と位置づけ、独立は決して許さないと主張する。センゲ首相は中国の主張を以下の5つの論点に絞って説明した。①チベットは歴史を通じて中国領土の一部だった、②中国がチベットを平和的に解放した、③チベット人は現在幸福で満足している、④チベット人はダライ・ラマ法王を嫌っており、法王の帰国を歓迎しない、⑤ロブサン・センゲ首相のことは誰も知らないし、彼は悪魔である。

相手を騙《だま》して勝つのが最高の勝ち方だと信じる中国らしい主張ではないか。

法王殺害を意図

①についてセンゲ首相は、821年の唐との戦いでチベットが連戦連勝し、唐と結んだ平和条約が石碑に刻まれている事実を指摘した。

「チベットの偉大な王の一人、第40代のティ・ラルパチェン王が唐と結んだ平和条約は石碑に刻まれ、長安の都の宮殿正門の前、チベット・ラサのジョカン大聖殿正門の正面、ググメル山のチベットと中国の分水嶺《ぶんすいれい》の3か所に建てられました。

碑には、チベットも唐も『現在の国境を尊重する』と書かれています。国境の東方は偉大なる中国、西方は偉大なるチベットの領土であると明記されています。碑は、チベットが中国の一部ではなかったことを示す多くの史料のひとつにすぎません」

②に関して、中国はチベット寺院の95％、6000以上の寺を焼き、破壊し、大多数の僧侶《そうりょ》や尼僧《にそう》を殺害したとして、センゲ首相は中国の侵入が「平和的解放」とは程遠かったことを説明した。事実、中国は僧だけでなく、ダライ・ラマ法王殺害を主目的とした凄《すさ》まじい殺戮《さつりく》作戦を実施した。

1949年に中華人民共和国を建国するや否《いな》や、毛沢東らがチベットに侵攻したのは歴史の事実である。チベット人を道路建設に駆り立て、道路が完成すると無数の武装した漢民族の兵士をトラックで運び、チベット全土に駐屯させた。59年3月、彼らは人民解放軍の駐留地で開催する観劇に法王を招いた。「護衛なしで来るように」という条件つきの招待だった。

チベット人は皆、法王が中国に拉致《らち》され危害を加えられると心配し、法王の住居だったノルブリンカ宮殿を取り巻いた。観劇の誘いに応じないよう法王に訴え、中国人は中国に帰れと叫び、幾重もの人垣で法王を守ろうとしたのである。これが同年3月10日だった。

他方、中国軍は続々と集結し緊張が高まる中、法王は17日夜、宮殿を脱出し、インド国境近くのロカに逃れた。そうとは知らない人民解放軍は19日午後、ノルブリンカ宮殿に一斉砲撃を開始したのである。集中砲火はなんと、41時間も続いたと伝えられる。宮殿内の僧、尼僧、一般のチベット人は殆《ほとん》ど全員殺害された。宮殿も破壊された。中国は明らかに、法王殺害を意図していたのであり、法王がロカに逃れていなければ恐らく殺害されてしまっていたことだろう。

インド国境近くに逃れていた法王がインド政府に亡命を申請したのは同月29日だった。これが実際に起きたことだ。「チベット解放」は平和的に行われたという中国の主張は大嘘《おおうそ》である。

以下、③が事実なら、なぜいまもチベットの若者たちの焼身自殺はやまないのか。

④が事実なら、油をかぶってわが身に火を放ち苦悶《くもん》の内に死ぬ人々の遺書に、なぜ、法王への熱烈な信仰心と帰国を待ち望む声が書き残されているのか。⑤が事実なら、チベット人600万人全員に尋ねるがよい。中国共産党支配の下に居続けたいか、自由選挙でセンゲ首相を選びたいかと。チベット人は必ず中国共産党を忌避し、センゲ氏を選ぶだろう。

中国を恐れない

いま、国際社会は強大化する中国の脅威に直面しているが、センゲ首相はチベット人がどのように中国に対処しているか、中国がどのようにチベットを取り扱ってきたかを知ることが、中国問題に正しく向き合う知恵を授けてくれると強調する。

チベット人は600万人、中国総人口の0・5%にすぎないが、センゲ首相は「チベット人は漢民族の中国を恐れてはいない」と繰り返す。

「私たちの全ては真実に基づいています。私たちは嘘とも捏造《ねつぞう》とも無縁です。時代の風は私たちを後押ししてくれています」

重要なのは、真実に共感する国際社会の輪を広げ、中国にそれを認識させることである。かつてはその役割を担っていた米国が国際社会で引きこもり状態に陥りつつある。米国に替わって真実の輪を広げる役割を担える国は多くない。日本は数少ない、その役割を担える国のひとつであり、筆頭であると思う。

現在アジア諸国の中でダライ・ラマ法王の訪問を受け入れているのはモンゴル、台湾以外では日本だけなのだ。しかも法王来日の頻度は他国と比較にならない程高い。他のアジア諸国は中国の報復を恐れて、受け入れたくても決断できないのが現状だ。そうした中、法王のみならず、センゲ首相に対しても、来日の折々に日本は官民共に歓迎してきた。そのような日本国の在り方に、私たちは誇りを抱いてよいだろう。

今回もセンゲ首相は帰国する前日、国会施設内で自民党議員らと会談する。政治家も民間人も、チベットをはじめとする少数民族問題や人権問題に関して、目の前に存在する悲劇や問題から目を背けないことが大事である。首相来日の度に、或《ある》いは法王来日の度に、与野党共に真摯《しんし》な対話を重ねるのがよい。日本にはよき価値観を世界に広げる責任と力があるのであるから。

(2016年1月21日号)

【追記】

2016年も17年もダライ・ラマ法王そしてロブサン・センゲ首相の来日は続いた。

その度に私はお二方にお会いする栄誉と幸せに恵まれた。その栄誉も幸せも含めてチベットの人々のより良い未来に少しでもつなげていきたい。そのような想《おも》いで一冊の本にまとめ、17年12月に『チベット 自由への闘い――ダライ・ラマ14世、ロブサン・センゲ首相との対話』（ＰＨＰ新書）として刊行された。皆さんに読んでいただきたいと思う。

台湾新政権の支援は日本の国益に通じる

台湾の運命だけでなく日本及びアジア全体、ひいては米中関係の行方にも大きな影響を与える台湾の総統選挙は、野党・民進党主席の蔡英文《さいえいぶん》氏の大勝利に終わった。そしていま、再び「日米台vs中国」の構図が鮮明になりつつある。

「加油《ジャーヨー》台湾！　加油台湾！」「台湾！　台湾！　台湾！」

２０１６年１月15日、ざんざん降りの雨の中、民進党の勝利を信じて集った３万人とも４万人とも見られる大群衆が歓喜と期待の大合唱を繰り返す。

「加油」は「頑張れ」の意味だ。

翌16日投開票の総統選挙で、民進党は蔡氏が得票率56％で次期総統の座を勝ち取った。同時に行われた立法院（国会）選挙でも１１３議席中68議席を得て、国民党を35議席の野党へと一挙に追い落とした。この結果は、外省人（中国人）の馬英九《ばえいきゅう》総統が２期８年間の任期中に進めた中国傾斜政策に対する、本省人（台湾人）の深い失望と反発を表しているといってよいだろう。

「蔡氏は大群衆を前に、台湾はデモクラシーだ、デモクラシーは台湾だという表現で、台湾のナショナル・アイデンティティーは民主政治にあると繰り返しました。彼女が演説で間をとる度に、聴衆は、『加油台湾！』、『台湾！　台湾！』とリズムをつけて3度ずつ、繰り返すのです。濃密な感情空間の中で、多くの支持者たちが涙を流していました。勝利を手にした蔡氏は『皆さんの流した涙を笑顔に変えるために全力を尽くしました。あなたの目にまだ涙がたまっていれば、どうぞ拭《ふ》いて下さい。台湾の新時代を共に迎えましょう』と呼びかけました。現場で台湾人の歓喜と熱い涙を実感しました」

こう語るのは選挙監視団に日本代表の一人として参加し、約1週間台湾を取材した田久保忠衛氏だ。台湾人の選挙と新体制にかける情熱を、氏は2時間、雨の中に立ち尽くし、或いは記者会見の場で体感した。

「ひとつの中国」論を回避

台湾人のアイデンティティーを突き詰めれば、台湾人は中国人ではない、台湾人は台湾人だ、中国人扱いするなという思いに行き着く。しかし、中国共産党がその思いの前に立ちはだかる。中国が最も警戒するのが、蔡氏が独立志向を強めることだ。

馬英九氏の下で台湾の国民党政権は、「九二共識」いわゆる92年合意は確かにあったということを中国と確認済みだ。92年合意とは、同年に台中双方が「中国はひとつ」であると合意したとするもので、台湾は、ひとつの中国は中華民国だと言い、中国は中華人民共和国であると主張するという内容だ。

当時、総統だった李登輝《りとうき》氏に、私は2015年9月、実際に92年合意はあったのかと尋ねた。李元総統は「総統だった私が知らない合意があるはずがありません」と、明確に否定した。

蔡氏は92年に台中間の会議が開催されたことは認めているが、合意については明言していない。合意を認めれば、台湾は中国の一部にされてしまう。如何《いか》なる形でも台湾を中国の一部へと追い込むことになる「ひとつの中国」論を回避するために、李元総統は、99年に台中関係を「特殊な国と国の関係」であると定義した。双方が国であると明確に言い切ったのだ。台中は決してひとつの国ではない。台湾は中国の一部などではない、という意味だ。

右の理論構築に貢献したのが、当時、総統の諮問《しもん》機関「国家安全会議」の一員だった蔡氏である。このような経歴と能力を持つ蔡氏であればこそ、中国の彼女に対する警戒心も強い。中国はすでに、台湾が「ひとつの中国」を認めることが全ての前提であるとの立場を明らかにしており、蔡氏に92年合意を認めさせるためにあらゆる圧力をかけてくると予想される。

大国中国の圧力に抗するのは容易ではないが、田久保氏は蔡氏の冷静沈着さに注目する。

「演説の間中、彼女の言葉と表情に注目せざるを得ませんでした。大群衆に熱く訴えかけるときも、大衆の熱い連呼が湧《わ》き上がるときも、氏は感情の嵐《あらし》に流されることなく冷静で理性的でした。彼女は勝利演説で、台湾総統として自分は必ず強くなると宣言しました。困難に立ち向かうとき、総統としての自分は強くあり続ける。自分が強くあり続けることで台湾人も強くあり続けることができると語ったのです。これから担っていく責務の重さを十分に自覚していると感じました」

勝利を受けた記者会見で蔡氏はまず、日本との関係を強化すると明言した。南シナ海及び東シナ海の現状について質問されて、「航行の自由」「国際法の遵守《じゅんしゅ》」の重要性を強調した。この件《くだ》りでも氏は、安倍晋三首相と意思の疎通《そつう》をはかっている旨《むね》を語った。2300万人の国の総統が、13億人の国の主席に対するときに、日本の支えが大切だと言っているのである。

主権国家扱い

国家の要件は、領土を有し、そこに国民が住み、政府が統治する行政組織を持つことだ。台湾にはこの全てが揃っている。事実上の国家である台湾がその現状を維持することができる国際社会こそ、日本の望む民主主義と国際法に依拠する人類の姿である。台湾の現状維持に力を貸すことは、台湾だけでなく日本の理想と国益に通ずるのだ。

田久保氏は蔡氏が繰り返し強調した「デモクラシー」に注目する。

「冷静で理性的な蔡氏は、独立などと軽々には言わないでしょう。しかし、デモクラシーを大義として掲げています。独裁国家に対して、公正で自由で平和な民主主義の土台にしっかりと台湾を立てようとしているのです。大陸中国の前で人類の普遍的原理を唱える台湾が、国際政治の中で或いは人類の歴史の中で、どれ程大きな意味を持っているか、私たちは正確に理解しなければなりません。安倍首相は誰よりも深くそのことを理解していると思います」

安倍首相は15年8月14日、戦後70年談話を発表した。その中で台湾は他のアジアの国々と同列に扱われただけでなく、中国の前に位置づけられていた。田久保氏が強調する。

「安倍首相は台湾を堂々と主権国家扱いしました。蔡氏の演説の内容、記者会見での回答を合わせてみると、日台の目指す方向がぴったり合致していることがわかります。日台協力体制にはアメリカも加わります。日米台vs中国の枠組みが作られてきたということです」

こうした中、日本と台湾がすべきことは多い。まず、両国共に軍事力の強化に努めなければならない。中国は突出した軍事力増強路線を走り続けている。周辺諸国として自国の防衛力を増強するのは、各々の国民に対する責務である。また、台湾は国策として、中国経済への依存度を引き下げる努力をしなければならない。日本は環太平洋戦略的経済連携協定（TPP）に台湾を招き入れることだ。加えて、日台間の人的交流を意識的にふやしたい。日台の国益が重なることを忘れてはならない。

（2016年1月28日号）

【追記】

蔡英文氏は2016年5月20日、正式に台湾の総統に就任した。就任演説では中国が最も強く求めている「九二共識」（92年合意）を受け入れるか否かが注目された。蔡氏は選挙期間中も注意深くこの問題に対処し、中国の主張を実質的に退け続けた。就任演説でもその姿勢は維持され、台湾の現状、つまり独立国であるという現状を守り続けている。蔡英文氏の姿勢に中国側は「両岸（中台）の政治的基礎が揺らいでいる」として全ての責任は台湾側にあると非難し、「5月20日以降、両岸の交流は停止した」と発表した。この発表は6月25日になされており、中国共産党政府が、強い言葉は用いないが振れ幅の小さい蔡氏の発言と行動も合わせて、注意深く分析したことを示している。

16年の米国大統領選挙でドナルド・トランプ氏が選ばれるや、台湾を巡る国際環境はさらに変化した。同年12月2日、当選を祝す蔡英文氏の電話にトランプ氏が応じた。さらに同月、アメリカの保守的なテレビ局、FOXニュースのインタビューで、「貿易を含む事柄で取引できなくても、『ひとつの中国』に縛られなければならないのか」と疑問を呈し、中国をはじめ国際社会に波紋を呼んだ。中国側は「深刻な懸念《けねん》」を表明、中国の官製メディア『環球時報』は「武力による統一」を示唆《しさ》した。

台湾側は静観を続けている。

一方で、トランプ氏はリチャード・ニクソン元大統領の下で国務長官を務めたヘンリー・キッシンジャー氏の助言を受けている。キッシンジャー氏は親中派の中の親中派である。トランプ政権の対中外交がこれからどのように進展していくのか、就任直後の対中強硬路線がそのまま維持されるわけではあるまい。

そう考えていたら、17年2月9日、わが国の安倍晋三首相との会談を翌日に控えて、トランプ大統領は中国の習近平主席に電話し、語り合った。その中でアメリカは「ひとつの中国」政策を守ると言明した。トランプ大統領の長女、イヴァンカ・トランプ氏も、その夫のジャレッド・クシュナー氏も中国とは親しく、とりわけクシュナー氏の不動産ビジネスには多額の中国資本が投入されている。トランプ大統領の対中政策は、表の動きと裏の動きの双方を合わせ鏡のようにして、思い込みや希望的観測を横におき、事実に沿って見詰めなければならない。

翁長《おなが》知事完全敗北で見えてきた沖縄の新未来

全国的に注目された沖縄県宜野湾《ぎのわん》市の市長選挙で2016年1月24日、同市の抱える普天間《ふてんま》飛行場の返還実現を訴えた現職の佐喜眞《さきま》淳《あつし》氏（51）が、新人で翁長雄志《たけし》知事の支援する志村恵一郎氏（63）を破って、大勝した（年齢はいずれも当時）。約2万7700対2万1800、5900票差の勝利を現地紙『沖縄タイムス』は「圧勝」と書いた。普天間返還と辺野古《へのこ》への移設がセットで語られる状況で、現地紙は佐喜眞氏に厳しい論評を掲載し続けた。それでも、「圧勝」と書かざるを得ない勝利だったということだ。

過去の選挙同様、宜野湾市長選挙も国と県の代理戦争だった。飽くまでも普天間飛行場の辺野古への移設を阻止しようとする翁長知事は、選挙戦が始まると毎日応援に駆けつけ、選挙の宣伝車に10時間乗る日もあったと、『朝日新聞』は報じた（1月25日、朝刊）。

「そこまでしても、翁長さんの主張が通らなかったのは、本土との対決だけが目標のような頑《かたく》なな政策ゆえだと思います。普天間飛行場を一日も早く移設して、周辺の安全を確保するのが知事の責任ですが、普天間問題を人質にしたかのような、安倍政権との対決姿勢は、合理的な問題解決を望む人々には通用しないと思います」

こう語ったのは、石垣市長の中山義隆氏だ。

各紙には、安倍政権が支援する佐喜眞氏の勝利は自公両党が全力で票を掘り起こしたからだとの分析が目立つ。事情を聴いてみると、皮肉なことだが共産党が佐喜眞氏の当選を後押しした形跡が見てとれる。

「出陣式の日、佐喜眞陣営に集った人数は相手方よりずっと少なかったのです。志村陣営には共産党系の運動員がドドッと入っていました。運動員の数の多さは目で見ればわかりますが、資金の方はよくわかりません。それでも、相当の資金が共産党から出ていると思われました。このような現実に公明党が発奮したのではないでしょうか。もうひとつ、佐喜眞氏の勝因は下地幹郎氏が最終段階で佐喜眞氏側についたことです。この人は自公共闘体制に反発して自民党を離れた人物ですから、自公が支える佐喜眞氏側につくのは必ずしも本意ではなかったかもしれません。それを説得したのが二階俊博氏だといわれています。下地氏が宜野湾市で握っているといわれる票は約３００

0ですから、大きかったと思います」

このように分析するのは、沖縄経済同友会副代表幹事の渕辺美紀氏である。

佐喜眞氏自身に聞いてみた。

「私の再選は文字どおり、皆さんのおかげです。自公両党にはしっかり支えていただきました。同時に圧勝とされた結果は、基地問題しか課題がないかのような現在の沖縄政治に疑問を抱いている人々が少なくないということだと思います。基地に関しては、私は一貫して沖縄の負担を目に見える形で減らしていくことに力を注ぎましたが、その他に、子育て、経済をどうしていくのかをずっと訴えてきました」

日米両政府は米軍専用基地の75%が沖縄に集中している事実を改善すべく、沖縄県や県民に返還できる基地の洗い出しを行ってきた。普天間飛行場の辺野古への移設に伴って、嘉手納《かでな》基地以南の基地の全面返還、北部の訓練場の返還が可能だと判断した。これらの基地の返還で米軍専用基地の割合は75%から大幅に下がり50%を割ることになる。

全面一括返還

これこそ沖縄が求めてきたことである。しかし、日米両政府がいざ返還しようとすると、現地メディアを筆頭に反対論が湧き起こるのである。彼らは「全面一括返還でなければならない」と主張し始めたのだ。

全面一括返還は日米安保条約を根底から覆《くつがえ》すもので、日本の現状から見れば応じられないのは明らかだ。絶対に呑《の》めない要求を突きつけるメディアや政治家は、本当の意味での基地問題の解決など望んでいないのである。中国の脅威には全く目を向けていないという点で、沖縄の人々の安全にも真剣な配慮などしていないということでもあろう。

もうひとつ、土地返還に対して生ずる反対論は経済的な要因だ。沖縄の地代は、戦後の地価上昇よりはるかに高い率で上がってきた。地代で暮らす人々への対応は、現実の政治が直面するもうひとつの壁である。

沖縄の人々の多くは、本音のところではこうした事情をよくよく理解している。政治は理屈だけではないからこそ基地問題は難しい。佐喜眞氏はその点で、相手陣営に票を入れた2万1800人のことを想ってこう語る。

「これはメディアが盛んに書き立てていることですが、沖縄は虐《しいた》げられているという感情があるのです。政府と県の対立の中でそのような感情がさらに掻《か》き立てられ、とりわけ高齢者層にその被害者意識は強くなったと思います。市長としての私の仕事は、これからの具体策を通して、虐げられる沖縄という感情を如何に癒《い》やし、前向きに本土と協調していけるように変えていけるかという点につきます」

今回の市長選挙を通して、沖縄に若い世代の政治家たちが育っているのが見てとれる。彼らこそ、沖縄の政治的空気をこれから大きく変えていく原動力になるのではないか。

9対2の対立

沖縄にある11の市の内、革新系市長は名護《など》市と那覇《なは》市のみである。残り9市の市長は保守系で、50代、40代が中心だ。翁長氏らに較《くら》べれば一世代か二世代若い人。彼ら9人は前回の知事選で仲井眞弘多《なかいまひろかず》前知事を支えた。翁長氏を支えるのは名護と那覇の市長だけである。

9対2の対立の軸は、まず第一に脱イデオロギーである。第二に合理的解決を目指すことができるか否かである。基地は一括でなくとも着実に返還し、中国の脅威に対処するための国防力を米軍との協調体制の下で作っていく。その一方で、沖縄の経済的自立性を高めていく。そうした理に適《かな》った施策が、これからは受け容《い》れられていくのではないか。

日本の現状だけでなく、アジア全体を考えれば、安倍政権の描く外交が機能する土台ができつつある。

台湾の選挙では野党・民進党の蔡英文氏が国民党のエースと評された朱立倫《しゅりつりん》主席に300万票の差をつけて、大勝した。国民党は中国共産党と、いわゆる92年合意の存在について合意し、中国はひとつだとする立場をとる。巨大な中国と、中国の人口の2％しか擁しない台湾がひとつの国だと認めることは、台湾が中国に併合されることを意味するが、国民党はこれを是とするのだ。他方、民進党はその点を明確にはしていない。

92年合意を肯定しない民進党の、目を見張る程の大勝は、中国にとってどれ程苦々しいことか。彼らが主張する第1列島線の中心点は台湾である。第1列島線を押さえることが中国の世界制覇の基軸であることを考えれば、台湾の政権交代の意味は計りしれない程大きい。

その蔡氏が勝利を受けて行った記者会見で、氏は外国要人の固有名を1人だけ挙げた。安倍晋三首相である。南シナ海問題で守るべきは国際法であり、航行の自由、平和的話し合いであると語り、「日本の安倍首相とはコミュニケーションをとっている」と語ったのだ。

中国の蛮行を抑止するのに欠かせない台湾の協力、米軍との合理的協調に欠かせない普天間の解決、風は日本に吹き、中国には逆風である。

（2016年2月4日号）

奇才2人と、人工知能を語る

週末、2人の奇才に人工知能（AI）について聞いた。米MITメディアラボの所長で、『ニューヨーク・タイムズ』社外取締役などを務める伊藤穰一《じょういち》氏と、ソニーコンピュータサイエンス研究所所長の北野宏明《ひろあき》氏である。

初対面の北野氏からは、機関銃のように言葉がつながって飛び出てくる。最新の情報技術や産業についてのアイデアが溢《あふ》れ出る。

AIといえばお定まりのように「日本は周回遅れ」と言われる。そうなのか。

「アメリカのAI学会では、中国訛《なま》りの英語がわからなければ結構苦痛です。中国はアメリカのしていることは殆《ほとん》どしています。北京、清華、上海の各大学の学生が大挙して留学し、米国で快適に学んでいます」

と、北野氏は語り、さらに続けた。

「去年（2015年）、僕は国際人工知能学会の会長だったんです。僕が会長になる前の年に中国で人工知能の国際会議を開いた。そのときは中国にはＡＩの人材なんて殆どいなかった。ところが、この2年で爆発的に増えた。清華、北京、深圳《しんせん》などの各大学にＡＩの人材が集中して、そこら辺りがみんなシリコン・バレーみたいになっている」

一方、日本人の存在感は希薄である。そもそも「気合いが違う」と、北野氏は語る。

「インドでも中国でも、成功の果実はとてつもなく大きい。日本の成功は2年早く教授になるという程度です。私は去年3月頃、文科省の依頼でＡＩ研究の基本計画を描きました。計画推進を任されました。けれど結果はショボイものになりました。まず、研究の場は理研（理化学研究所）になり、当初の概算要求額を、私は１００億円としたのですが、13億円に減らされました。

それはともかく、理研は人間の根本から研究したいという考え方で、ことＡＩはミスマッチです。ＡＩは今や完全な産業政策で、その主舞台は殆どバトルフィールドと化しています。日本政府は理研を選んだけれど、ＡＩの現実とは無縁の選択でしょう」

ＡＩが高度に発達すると、どんなことが起きるのか。今でもＡＩはスマホで情報を教えてくれる。夕食のメニューも、未知の道もガイドしてくれる。やがて人間の仕事も代行してくれる。たとえばタクシーの運転だ。

「運転しない」時代

北野氏が説明した。

「百度《バイドゥ》が突然、自動運転の車を走らせ始めました。中国は、道路交通に関する国際条約、ジュネーブ条約に加盟していませんから無人車をバンバン走行させられる。先を越されましたが、日本でも（16年の）2月中に僕らの作った会社ZMPが湘南《しょうなん》でタクシーの自動運転実証実験をします」

車は確実に「運転しない」時代に入りつつある。ホンダのキャッチコピー、Fun To Driveはどうなるのか。Fun Not To Driveになるかもしれない。ドライブしない。ドライブしないことが楽しい。車は、移動手段として価値があるのであり、ドライブすることに価値があるのではなくなるというのだ。自動車産業はこれからの10年で確実に、劇的に、変わる。

「先週、ニューヨークで『AIの未来』という会議に出ました。フォードがグーグルと提携すると報じられましたが、皆の見方は、『グーグル、やったね！』ではないのです。フォードがグーグルと組むことができて自らの生き残りの場所を見つけた、フォードさんよかったね、という見方です。同様にGMがリフト（Lyft）という、アプリを用いたタクシー配車サービスのウーバー（Uber）みたいな会社と提携しました。リフトは強気で、これからGMをコントロールするつもりです。AIで完全なゲームチェンジが起きているのです」

GMは自動運転の部分で進んでいるとは思えず、リフトがGMをコントロールできる余地があるというわけだ。ハードウエアは絶対に必要だが、利益はそこからは出ない。ハードウエアメーカーがAI関連企業の指示に従わなければならないという現実は今もある。いずれその力関係はもっと絶対的なものになると、氏は確信する。

「すでに家電メーカーがアップルやアマゾンの事実上の下請けになりつつあります。自動車産業も間違いなく、そうなります。日本の基幹産業がアップルやグーグル、中国の百度などに侵食される事態が5年から10年で起きると考えるべきです」

日本のAI研究はどうなっているのか。伊藤氏は、日本のAI開発はトヨタの事例に見られるように物理的な物作りになりがちだと指摘する。

「トヨタはモノを賢くしようとしています。でもAIってネットワークなんです。人工知能を本当に理解している役員がいないと結局、物理的な物作りになってしまう。だからトヨタの自動運転はなかなか難しいと思う。過去にすばらしい実績を積んだ企業は、そのレガシーゆえに中々物作りの枠から抜け出せない」

　企業の成功物語が偉大であればある程、既存のものを破壊した上に成り立つ完全に新しい試みには当然、反発が強くなる。

「意外かもしれませんが、日米は同じ問題を抱えています。イスラム国（ＩＳ）が急速に力をつけたのはネットの効用です。しかし米軍は特に強くなっていない。ネットワーク化されても縦割りの軍では効果が限られるからです」

　こう語る伊藤氏が、米国を激しく追い上げる中国の特徴を説明した。

「中国は僕たちのルールなど気にかけません。たとえば、アメリカはスパイ活動で得た情報は絶対に民間には渡さない。そこは法の壁で厳格に仕切っています。けれど中国は国、軍、民間が完全につながっているため、情報も共有される。アメリカが、スパイ活動を国益に限定して民間の営利目的には使わないという話を中国側にすると、馬鹿《ばか》じゃないかと彼らは笑う。経済は国の競争力そのものなのに、なぜ、という理屈です。民主主義や法治国家について、彼らとは全く話が合わないのです」

「オープンＡＩ」

　中国のＡＩ推進の主力は「剝《む》き出しのキャピタリズム」だ。「金儲《もう》け」へのギトつくような熱情を追い風に、中国のＡＩ研究は急速に進む。一方、アメリカには全く異なる新しい風が生まれている。伊藤氏が語った。

「一昨年、グーグルがディープマインドという12人の会社をおよそ5億ドルで買収しました。できたばかりの会社に、１ドル１００円として５００億円。そんな巨費を投じて、結局、12人の人材を買ったわけです。人材獲得競争の熾烈《しれつ》さが見てとれます。でもそこにはよりよい社会を目指す精神があります。僕の仲間たち、テスラ、Ｙコンビネータ、リンクトインなどの創業者が『オープンＡＩ』に10億ドル出資すると発表しました。

ＡＩはデータとアルゴリズムが基礎です。それを今、グーグル、フェイスブック、アマゾンが持っている。彼らはさらに情報を蓄積して、世界一頭のいいＡＩを生み出してしまう。そうすると一部の資本によって作られた人工知能が世界をコントロールすることになりかねない。そうではなくて、オープンソースで誰でも使える人工知能、しかも企業の枠にはまっていない人工知能の研究を加速させないと、私たちの目には見えない資本で支配される人工知能に世界を席巻《せっけん》されてしまう危険がある。そのことへのリスクヘッジとして、オープンソースのＡＩを育てたいという考え方が『オープンＡＩ』に反映されています。その資金を出しているのは、先に紹介したような企業家たちです。彼らは企業の取り組みに反対しているわけではない。アメリカの健全な民間人、起業家精神なんです」

伊藤氏はアメリカには欠点もあるが、「世界一を守り続けようという意欲を感じる」と語る。

「この前、オバマ大統領に呼ばれてランチを一緒にしたんです。突然最初からＡＩのことも含めて中身のあることをガンガン質問されました。ベンチャー企業の社長みたいな感じです」

伊藤氏は朗らかに笑って続けた。

「日本でオバマ大統領のように、人工知能のことや遺伝子解析のことなど、凄まじいくらいの好奇心と関心で掘り下げて質問する政治家には、僕、会ったことがない。でも、オバマ大統領は話を聞いたうえで、じゃあ、ここはこういう風にフォローアップしようという具体策が示されて、手応《てごた》えはかなりありました」

さて、日本である。結論から言えば捨てたものではない。無人タクシーはアメリカより日本の方が導入し易《やす》い。社会的条件としては、総人口の減少と労働人口の激減によって、安全な交通手段としての信頼性が高まれば受け入れられる素地がある。加えて日本のタクシー運転手は教育レベルが高く、技術の導入がスムーズに行く。北野氏が作った企業、ＺＭＰの技術を使ったロボット・タクシーは２月下旬に神奈川県藤沢市の公道で走行実験を行う。神奈川県知事の黒岩祐治氏も小泉進次郎衆議院議員も熱心に後押ししている。

千葉・幕張では無人機による配達実験が行われる予定だ。

高度な科学的試みを高い教育水準を備えた一般国民が支える。こうした実験を各地で行い、情報を集積して実用化することが日本を世界最先端を走る国へと、自ずと押し上げる。同時に、ここに紹介した奇才の両氏をはじめとする人材を登用して、自由な研究を進める場を早急に設ければ、日本の未来は大きく開けていくだろう。

（２０１６年２月11日号）

【追記】

藤沢市での無人タクシーの実験は２０１６年２月29日から３月11日まで行われた。応募で選ばれた10組の人たちが、パソコンまたはスマートフォンで配車予約し、ロボット・タクシーが住居と店の間を往復した。但《ただ》し、安全のため、運転席と助手席にスタッフが乗り込んで万一に備えた。実験に参加した人々の９割近くが「タクシーの走行は安定していた、やや安定していた」、９割以上が「安全対策はよかった、ややよかった」と答えており、実験が成功したことを喜んでいた。実験を手掛けた「ロボットタクシー」社の会長、谷口恒《ひさし》氏の「提供したいのは夢や希望。東京五輪までに実用化したい」とのコメントが産経新聞に紹介された。

安倍首相は世界に先駆けて、第4次産業革命を日本が実現するとして、車の自動走行、無人機の活用、情報技術などの健康医療への普及を柱として掲げた。16年4月から千葉市美浜区の幕張新都心で無人機による宅配実験が始まった。千葉県市川市の倉庫から、全長2・4メートルの機体が海上を飛んで荷物を輸送し、約10キロ離れた幕張で小型機に積み替えて、マンションのベランダに届けるという。4月の初実験では、無人機のカゴにワインボトルを積んで無事に届けた。小雨と風にも拘《かかわ》らず、使命を果たした。無人機の実験は秋田県仙北市でも行われており、実用化に向けて進化している。

伊藤、北野両氏らの研究はいまも続いている。

政府主導で明確な原子力行政の推進を図れ

個々の技術は優れていても、全体の戦略となると心許《こころもと》ない面が日本にはある。典型例のひとつが原子力の分野であろう。個別の技術、たとえば原発で最重要といわれる原子炉圧力容器の製造技術では、日本は掛け値なしの世界一である。3・11に関して、私たちは水素爆発を起こした福島第一原発の失敗にばかり焦点をあてがちだが、第二原発は見事に生き残った。増田尚宏《なおひろ》所長（当時）以下400名の職員の危機管理の手法はピカピカの世界一で、『ハーバード・ビジネス・レビュー』誌が絶賛した。しかし、日本のメディアも国家も、「フクシマ第二」の比較しようもない成功には目も向けない。

3・11からの立ち直りに呻吟《しんぎん》する原子力産業においてさえ、幾つも個々の「世界一」が光っている。にも拘らず、原子力産業全体では、やはり日本は周回遅れで喘《あえ》いでいる。

なぜか。問題点はどこにあるのかが、シンクタンク「国家基本問題研究所」の２０１６年２月の月例研究会のテーマだった。論者は元文部科学大臣で自民党総裁特別補佐の下村博文氏、京都大学粒子線腫瘍《しゅよう》学研究センター教授の鈴木実《みのる》氏、北海道大学大学院工学研究院教授の奈良林直《ただし》氏である。

結論から言えば、日本の原子力の全《すべ》ての分野における停滞は、原子力規制委員会（規制委）に典型的に見られる不合理な規制が原因であろう。

２０１５年12月、国連気候変動枠組条約第21回締約国会議で地球温暖化抑止を目指すパリ協定が採択された。CO_2など温室効果ガスの排出を今世紀後半に実質ゼロにするよう各国に求める厳しい内容で、日本は２０３０年度で13年度比マイナス26％を目指すと表明した。だがこの目標は、日本の現在の手法では達成不可能だと断言してよい。

CO_2の大幅削減に向けて、世界は石炭による火力発電からの脱却を図っている。イギリスは25年までの石炭火力全廃を決定した。オランダも石炭火力発電所の段階的閉鎖を法制化した。CO_2の２大排出国、米中も脱石炭へ動き始めた。

日本では危険視

日本だけが正反対なのである。震災前に較べて、全電源に占める石炭火力由来の電力は13年度で5ポイント増の30％を占める。電力会社は30年までに計43基、2000万キロワット規模の火力発電所の新増設を計画中だ。

世界の潮流に逆行する動きの理由は、厳しい規制で原子力発電所の再稼働《さいかどう》が進まないことにある。下村氏は、再生エネルギーや省エネだけでCO_2を激減させるのは難しいと、危機感を表明した。

原発依存を高める人類のために、原発事故を教訓にして、日本こそが設計、建設、運転、維持管理、廃炉、放射能の封じ込め、環境保全、廃棄物処理まで全工程で安全のモデルケースを示すことの重要性を氏は強調する。

個人の見解だと断ったうえで、総裁特別補佐の下村氏は語る。

「今世紀末までに気温の2度以上の上昇が警告されています。CO_2排出量の削減と気温上昇の阻止を念頭に、国際社会は原発推進を目指しています。わが国も全体の20％程のエネルギーを原発由来で賄《まかな》いますが、それには約30基の再稼働が必要です。世界は原発の活用について、核燃料サイクルと高速増殖炉の推進を一体のものとしています」

日本も右の2つを推進すべきだと言うのである。

折しも15年11月、規制委は、高速増殖炉「もんじゅ」を管理する「日本原子力研究開発機構」(以下機構)を全否定し、半年を目途に機構に代わる新しい組織を見つけよ、見つからない場合はもんじゅは廃炉の道を辿《たど》るだろうと示唆《しさ》する厳しい警告を発した。

日本では危険視されるもんじゅだが、世界の高速増殖炉は驚く程前進している。奈良林氏が解説した。

「中国は2万キロワットを発電中です。ロシアは88万キロワットを、インドは50万キロワットを運転中です。フランスは60万キロワットを25年頃までに発電します。世界人口73億人中、約3分の1を占める中国とインドが高速増殖炉の運転をすでに始めています」

日本より明らかに技術面で劣る国々が、なぜすでに高速増殖炉を完成させ運転しているのだろうか。わが国のもんじゅはなぜ、誕生の時から「劣等生」のように扱われてきたのか。奈良林氏の解説に耳を傾けたい。

「フランスの高速増殖炉フェニックスは30年の歴史で32回、ナトリウム漏れを起こしました。その度に原因を突きとめ改善して商業発電に近づきました。もんじゅは一度ナトリウムが漏れ、火災になった。それを正直に言わずに隠したと責められ、20年止められて現在に至ります」

情報隠しが許されないのは当然だ。その件についてもんじゅ関係者が非難されるのは仕方がない。しかし、20年も止めることに意味はあるのか。もんじゅはそもそも性能などを確認する原型炉なのである。問題が発生すれば原因を突きとめて改善するというのがあるべき姿勢だ。問題が起きたら最後、如何《いか》なる試みも許さず、運転そのものを20年間も止めてしまって、非難の言葉を投げ続けること自体が異常である。

「原子力の素人《しろうと》」

もんじゅをそのように取り扱い、いま、規制委はもんじゅの廃炉を示唆している。そのような規制委を、東大大学院教授の岡本孝司《こうじ》氏は「原子力の素人」と呼ぶ。彼らのもんじゅに関する勧告は「高速増殖炉の安全とはほとんど関係のない保全のミスをあげつら」ったのであり、規制委のもんじゅ批判は、「自動車のバックミラーの裏側にゴミがついているのは怪しからんと言っているようなもの」だと言う。自動車はエンジンやブレーキがちゃんと機能することが重要で、バックミラーの裏の汚れは運転の安全とは無関係だと真っ当な批判を行っている。

下村氏が重要な指摘をした。

「高速増殖炉の機能を我々は活用すべきです。使用済み核燃料は、そのままでは無害な天然ウランと同水準になるのに10万年かかります。それを高速増殖炉で燃やせば300年に短縮され、量も7分の1に減ります。高速増殖炉は、新たな燃料なしに2500年にわたってエネルギーを生み出します。こういう利点があるからこそ、国際社会は高速増殖炉の実用化を目指しているのです」

もんじゅの結論は16年5月までに出すとして、氏は語る。

「規制委は、機構は駄目だと断じましたが、他に高速増殖炉を手懸けられる組織はありません。であれば、高速増殖炉を政府が引き受け、日仏共同で研究するのも可能です」

核燃料サイクルについても氏は重要なことを語った。核燃料サイクルの完成には、高速増殖炉と共に再処理施設の稼働が必要だ。再処理施設は青森県六ヶ所村《ろっかしょむら》で93年4月に着工、紆余曲折《うよきょくせつ》を経て13年に試験は終了したが、未《いま》だに完成していない。

「青森の再処理施設の完成時期はこれまで23回延期されました。しかし18年には稼働させたいと思います。各原発から生まれる使用済み核燃料を順調に再処理すると共に、日本に対する国際社会の疑惑を打ち払うことが大事です」

見通しのききにくい原子力政策が下村氏の明快な語りの方向で推進されれば、展望が開けていくだろう。政治が大戦略を示して初めて物事は正しく動く。周回遅れの日本の原子力政策が世界の動きに追いつき、リードすることも可能になる。

（2016年2月18日号）

【追記】

夏を過ぎると、政府筋や原子力業界からもんじゅ廃炉に向けた意見や動きが続々と入ってくるようになった。私はシンクタンク「国家基本問題研究所」での議論及び聴き取りや調査をさらに進めた。その結果、政府方針は誤りであることを強く確信した。日本の原子力行政に対して私たちができることのひとつに、新聞に意見広告を載せて世論に訴えることがある。そう考え、2016年11月に入って各全国紙に『「もんじゅ」の活用こそ日本の道です』と題して意見広告を出した。結論から言えば、政府は16年12月21日に、もんじゅの廃炉を正式に決定した。政府の議論を聞いてみると、理屈はいくらでも如何様にでもつくという印象を抱かざるを得ない。今回の廃炉決定は科学立国を目指してきた日本の大きな誤りであると、私は考える。

千葉県沖に中国情報収集艦の脅威

千葉県銚子《ちょうし》市、九十九里浜沖で中国の情報収集艦が頻《しき》りにデータを取り続けている。その理由を、東海大学教授の山田吉彦氏はインターネット配信の「言論テレビ」の番組で次のように説明した。

「温暖化で潮流も海水温度も変化しています。黒潮（フィリピン東方から台湾、南西諸島、日本列島の南岸から、銚子沖に走り太平洋に溶け込む潮流）は約3ノット、大体時速5・6キロ。その流れに乗る形で気づかれずに日本に接近するためのデータ収集です。彼らは日米の潜水艦が展開する海域も探っています」

番組で同席した元防衛庁情報本部長の太田文雄氏が付け加えた。

「船から潜水艦を探知する手懸かりは音です。音は水中では、水温、圧力、塩分濃度によって上方向、或《ある》いは下方向に曲がって伝わります。上下方向の音の間をシャドーゾーンと言うのですが、ここに潜水艦が入ると、船からの探知は難しい。九十九里浜沖の海洋調査は潜水艦を運用する際の戦術を立てるためでしょう」

日本人は皆、日本は平和な国だと信じて暮している。しかし、銚子沖まで中国船が迫っている事実を知れば、この平和の脆《もろ》さが懸念される。

山田氏が語った。

「中国海軍の情報収集艦はかつて津軽海峡を日本海側から1往復半して太平洋側に出て、三陸沖をゆっくりと南下し、房総沖、奄美《あまみ》大島海域で往復しました。海上保安庁発行の海図は極めて正確で、皮肉にも中国がそれを元に実際に行動を起こすとき、どう動くのが最善かを探るために調査しているのです。

すでに彼らは黒潮の最終点まで調べ上げています。千葉沖まで来ているのは、いつでも東京を取り囲んで、照準を合わせられることを意味します。2014年の秋、小《お》笠原《がさわら》周辺海域に数百隻《せき》の漁船が集結しました。漁民が持ち帰ったデータも中国の海洋戦略の基礎資料になっているはずです」

中国はいま東シナ海戦略を大胆に変え、最も危険な状況が生まれているという山田氏の警告を過小評価してはなるまい。人民解放軍海軍のフリゲート艦がミサイルや大型の攻撃装備を外して海警局に払い下げられている。船体を白ペンキで塗ってもその実態は機関砲を備えた軍艦であり、これに日本の海を守る海保は太刀打ちできない。

第3列島線制覇

海保の保有する大型船は精々1000トン級だ。南西諸島には6隻配備されていたが、安倍政権が4隻増やして10隻体制にし、3000トン規模の船を2隻加えて12隻体制にする。

中国の新造艦、海警2901は1万2000トン（排水量）だ。彼らは同型の強力なエンジンを10隻分、ドイツに発注済みだと山田氏は説明する。

排水量で1万トンを超える船は海保にはない。海保の大型船は最大で6500トン規模である。海上自衛隊にはあるが、数が限られている。護衛艦でわが国最大の「ひゅうが」「いせ」が1万3950トン、補給艦の「ましゅう」「おうみ」が1万3500トン、砕氷艦の「しらせ」が1万2500トンである。

海保の新しい巡視船の砲は以前と同じ20ミリ機関砲、射程は2キロである。海警2901の砲は76ミリと30ミリ、射程は10キロを超える。

東シナ海における中国の態勢強化はどのような戦略の変化を意味するのか。再び山田氏が語る。

「海保が尖閣諸島海域を守り続けているのに対し、中国は何百隻もの漁船を入れてくるでしょう。漁船は軍と一体の工作船で、乗組員は軍人と考えてよい。大挙して押し寄せる彼らに海保は振り回され、その海保を射程10キロの砲をもつ海警2901が威圧します。彼らは尖閣諸島海域にとどまらず、東シナ海全域の制覇を狙《ねら》うでしょう。ガス田開発と称して次々に建てたプラットホームの全てが洋上基地になり、ヘリコプター2機を搭載する海警2901が加わり、洋上基地が中国本土の基地と事実上合体します。ここから東シナ海略奪戦略がはっきり読み取れます」

中国の海洋戦略には第1列島線と第2列島線に加えて、2040年までの第3列島線制覇という大目標があると、太田氏は注意を喚起する。

「12年6月に人民解放軍のシンクタンク、軍事科学院が発表した強軍戦略には、国益擁護に必要な海は南緯35度以北、東経165度以西と定義されています。ウェーク島、ミッドウェー、ハワイ両諸島などは外れますが豪州とマリアナ、パラオ、ソロモン各諸島などの殆《ほとん》どが入ります」

07年、中国は米国に太平洋をハワイで二分しようと初めて持ちかけた。それが強軍戦略に書き込まれ、現在新型大国関係として、習主席がオバマ大統領に合意するよう促し続けている。その先に習主席の「偉大なる中華民族の復興」がある。

彼らの野望は1989年以来の軍拡に支えられている。2010年から3年間で彼らは第4世代の戦闘機10個飛行隊分を増強した。太田氏の解説だ。

「10個飛行隊は日本の航空自衛隊が保有する第4世代戦闘機の総数と同じです。凄《すさ》まじい軍拡の結果、第4世代戦闘機の日中比は15年時点で293対731になりました」

第4世代の戦闘機F‐15は日本の最新鋭機だ。日本保有の全機を中国はたった3年で作ったのである。恐るべし。

彼らの次の目標に第5世代戦闘機の開発がある。アメリカはすでにF‐22、或いはF‐35の第5世代戦闘機を実戦配備すべく準備中だが、中国がその技術をサイバー攻撃で盗み取ったと、米中経済安全保障調査委員会が非難した。

海自と海保の連携

盗みを含めて彼らは国の内外で何でもする。国内で習主席は軍事大国化のための荒療治に乗り出した。地域毎《ごと》に独立していた7大軍区制を潰《つぶ》して5大戦区を創設、陸海空の縦割りを超えて統合運用制に切り替えた。有無を言わせず江沢民《こうたくみん》人脈を断ち切り、近代的統合運用で効率的な軍としての再生を目指す。

彼我の力の差が拡大する中で、日本は何をすべきか。日米同盟はまず第一の重要同盟だが、アメリカは中東情勢と大統領選挙で手一杯だ。そのような今、日本を守るのは日本自身であることを、これ以上ない程明確に肝に銘ずることだ。

海自と海保の連携強化の妨げもなくすべきだ。一例が、海保に軍隊の機能を営むことを禁じ、海自との連携を妨げる海上保安庁法25条の問題を解決しなければならない。石垣島から１６０キロ、急行しても３時間余りはかかる尖閣諸島海域で海保の燃料が少なくなったとき、25条ゆえに海自の補給を受けられず、一旦《いったん》、石垣島に戻って補給を受け、再び尖閣の海にとって返すというのが現状だ。なんという時間と労力の無駄、なんという非効率か。どの国も海軍とコーストガードは一体となって海と領土を守る。日本も同様であるべきだ。これは法改正だけで１円もかけずにすぐ実行できる。

日本を守るための人員と装備も増やし強化すべきだ。千葉沖に迫る中国船を想定すれば、海保と自衛隊の予算を、大幅に増やさずしてどうするのか。

（２０１６年２月25日号）

【追記】

中国人民解放軍空軍の保有する第４世代戦闘機は２０１６年末にはさらに増えて８１０機になった。１年間で80機も増産したのである。私たちは中国の凄まじい軍拡の実態をまず知って、それが日本にどれ程深刻な脅威となっているかを認識しなければならない。自衛隊、海上保安庁の実力をできるだけ早く高めること、その先に憲法改正の実現を目指すのは当然である。

第2章　新たな日米関係を築くために

日本人よ、最高裁判事に関心を抱こう

日本と米国ではこれ程違うのかと驚いたのが、米連邦最高裁判所判事の死亡記事だった。

2016年2月13日、死去したアントニン・スカリア最高裁判事を悼《いた》んで「ウォール・ストリート・ジャーナル」（WSJ）紙は1面に、ワシントン記念塔で13枚の星条旗が半旗として掲げられた大きな写真を掲載した。日本で最高裁判事が死亡したとして、このような報道がなされたことは未《いま》だかつて記憶にない。7月の国政選挙が衆参同時選挙になれば、私たちは最高裁判事の是非に関しても判断を求められる。しかし、一体誰が最高裁判事について、十分な知識を持っているだろうか。否《いな》、名前さえ知らない人が圧倒的に多いのではないか。

司法に関しておよそ無関心といえる日本とは対照的に、米国では一人の判事の死がこのような重要なニュースとなる。大きな写真を掲載し、詳報する米国では最高裁判

事一人一人の名前も、判決の傾向も、多くの人が知っていると言ってよいだろう。日米は国情も文化も、意見の折り合い方も異なるため、一概には言えないが、米国の司法が国民生活に深く結びついていることを感ずる。

連邦最高裁は9人の判事で構成され、全員、大統領が指名する。上院で過半数の支持を得て承認され、承認を得れば一生涯、最高裁判事にとどまり得る。無論、途中で辞任するケースもある。

スカリア氏は1986年にレーガン大統領に指名され、30年間、最高裁判事をつとめ、現職のまま死亡した。日本の報道では氏は「保守派の代表格」（「毎日新聞」2月15日夕刊）などと定義され、「自己防衛のために個人の自宅における銃の所持を認める判決文を書いた」ことや「同性婚を認めた判決や医療保険制度改革（オバマケア）の合法性を認めた判決では反対意見を述べた」ことなどが報じられた。

同性婚の件に見られるように、世論を二分する重要訴訟の多くで、9人の判事が5対4に分かれて僅差《きんさ》で判決が下されてきた。スカリア氏の死亡によって、連邦最高裁の勢力図はこれまで4対5だったリベラル対保守の構成が4対4に変化した。残り一人を誰にするかによって米国の国の形が大きく影響されることから、民主、共和両党が激しく争い始めた。

「原意主義」

オバマ大統領は後任候補の検討に入ったことを明らかにしたが、共和党上院の実力者で院内総務のミッチ・マコネル氏は「次の大統領になるまで後任を選ぶべきではない」との声明を出している。

共和党の大統領候補者はマコネル氏に賛成し、他方、民主党の候補者はヒラリー・クリントン氏もバーニー・サンダース氏も、現職のオバマ大統領にこそ後任人事を決定する権利があると息巻く。

だが、9人目の判事を決めるのはオバマ大統領にとって容易ではない。余りにリベラルな人材を選べば、上下両院で多数を有する共和党の承認は得られないからだ。オバマ大統領が後任人事を決定できないまま、人選が先送りされれば、次の大統領が米国の司法を事実上左右することになる。従ってアメリカの国の形を心配する有権者はどの党を支持するにしろ、最高裁判事を保守派から選ぶかリベラル派から選ぶかを決めるために投票に向かい、両党にとって党勢拡大につながるとも分析されている。

WSJは2月16日の社説で最高裁の状況を、「固く団結するリベラル4判事」と「憲法の精神に則《のっと》る余り同一判断を下さず、共和党の政策とは必ずしも共鳴しない保守判事の一群」として描いた。

4人のリベラルな判事は2人をビル・クリントン元大統領が、もう2人をオバマ大統領が指名した。彼らはどのケースでも団結して同じ判決を支持してきたと、WSJの社説は事例を挙げて指摘している。民主党指名の最高裁判事4人は民主党の政策に合致する判決を出し続けており、「政治的」だというのだ。

他方、スカリア氏をはじめ共和党指名の判事たちは憲法や法律の理念を優先させ、時として共和党の政策に真っ向から反対するという。

なぜ、そうなるのか。理由はスカリア氏の法曹人としての特徴が「原意主義」(Originalism)にあるからだと説明されている。最高裁判事は「法衣をまとった政治家」と揶揄《やゆ》されがちなのに対し、スカリア氏は米国憲法の精神に基づいて眼前の問題をどう判断すべきかを探り続けたとWSJは評価する。リベラルな判事たちが「憲法は生きもの」(Living Constitution)であるとして、憲法の理念を時代の変化に合わせて「解釈」し直そうとするのに対して、スカリア氏は「矯正」を試みたというわけだ。

スカリア氏が一貫して合衆国憲法の精神に忠実であろうとした事例としてWSJは、氏が個人の銃の所持を認め、中絶や同性婚に反対するという強硬な判断を下した一方で、アメリカ国旗を焼き捨てることをアメリカ合衆国国民の正当なる権利であるとして認めたケースを挙げている。

司法と国民の距離

国旗を焼き捨てることを国民の権利と位置づけるのは、共和党の政策とは明らかに異なる。スカリア氏は「サンダル履きのだらしのない変人」が国旗を焼こうとするかもしれないが、と述べて嫌悪《けんお》感を隠さなかったが、国旗を焼く「権利」は認めたのだ。この事例は、成程、氏の本質の一断面を見せている。

このような人物の後任人事はただでさえ容易ではない。勢力拮抗《きっこう》の中、しかも大統領選挙の最中であれば尚更《なおさら》だ。選挙の最大の争点になるのも当然だ。

いま、連邦最高裁の手元にある案件は移民制度改革、人工妊娠中絶の合法化、大学の入学選考における人種要素の考慮の可否などで、6月までに最高裁は判断を示す見込みだ。しかし、そうしたことよりもっと重要な案件がある。それは憲法修正第1条の人権条項だという。

アメリカ合衆国憲法が作られたとき、そこには人権条項は入っていなかった。後の修正で人権条項が加えられたのである。

具体的にはフリードリッヒのケースと呼ばれる労働組合員の組合費徴収の件だとWSJは警告する。同件で最高裁判事は4対4で二分されているが、ここにリベラルな判事が投入されれば、組合費徴収は合憲とされ、自身が反対する政策について支持しない権利が組合員から奪われてしまいかねないというのだ。

宗教的信条から妊娠中絶に反対する人々も、中絶支持のオバマケアを介して強制的に中絶のための負担をしなければならないとも警告されている。

連邦最高裁判事の交替についてこれ程熱い論争を重ねるアメリカを見て、日本での司法と国民の距離の遠さを実感する。前述したように、私たちは最高裁判事の名前さえよくは知らない。彼らの下す判決についてもほぼ無関心だ。これは国の形というものに対する無責任の裏返しではないかと自省すること頻《しき》りである。

（2016年3月3日号）

【追記】

ご本人が公表していることだからここで紹介しても差しつかえないと思うが、アメリカ・カリフォルニア州の弁護士資格を有し、日本でも大活躍のケント・ギルバート氏は2016年11月の大統領選挙でドナルド・トランプ氏に一票を投じた。その理由をギルバート氏は「最高裁判事にしっかりした保守の人材を登用して欲しいからです」と、「言論テレビ」の番組で語った。

アメリカの新大統領となったトランプ氏は17年1月31日にニール・ゴーサッチ氏を指名した。ゴーサッチ氏はデンバー連邦高裁判事でスカリア氏の信奉者だと報じられた。民主党の反発は強く、承認に必要な上院議員の支持が得られるか、予断を許さない。

米国で「トランプ現象」が過熱した背景を探る

本稿をお読みいただく頃には、米大統領選指名争いの山場、3月1日のスーパーチューズデーの結果が出ているはずだ。

大統領選の大きな流れをほぼ確定する3月1日に向けて、米主要紙の報道が過熱している。焦点は「トランプ阻止」である。「ワシントン・ポスト」(WP)紙は根っからの民主党支持であるが、2月24日と25日の社説でトランプ氏に関して共和党にメッセージを送った。

「共和党指導者よ、持てる全《すべ》ての力でトランプを阻止せよ」とまず書き、翌日、「トランプは共和党の怪物、フランケンシュタインだ。彼は今や党を破壊する力を手にした」と警告した。

結局、トランプ氏の勢いを止めるのは有権者だとして、WP紙はトランプ氏に投票しないように呼びかける異例の社説を掲げたのだ。

一方、共和党支持の「ウォール・ストリート・ジャーナル」（WSJ）紙は、2月25日のヒューストンにおけるテレビ討論会で、マルコ・ルビオ氏とテッド・クルーズ氏が初めて本格的なトランプ攻撃に踏み切ったことを、以下のように喜びに満ちた筆致で大きく報じた。

「私の母はホテルのメイドだった」と、（キューバからの移民の子供である）ルビオ氏は語り始めた。

「私の母のようなアメリカ人を雇わずに、君（トランプ氏）は世界中から集めた1000人を超える労働者を雇ったではないか」

ルビオ氏の指摘には、トランプ氏が多くの事業で低賃金外国人労働者を雇い利益を得たことへの批判が滲《にじ》んでいる。

さらにルビオ氏が、トランプ氏はメキシコや中国の工場で衣料品を生産させていると批判し、トランプ氏が抗議すると、ルビオ氏は間髪《かんはつ》を容《い》れず、「作るならアメリカで作れ！」と要求したと、WSJ紙は報じた。そのトーンはまるで胸のつかえがおりたと言うかのようだ。

異常な政治感情

トランプ氏が「ルビオはビジネスのことが何も解《わか》っていない」と非難すると、ルビオ氏は「確かに4回も倒産するビジネスのことなんて解らないよ」と、かつて倒産を繰り返したトランプ氏に反論した。

2月初めのアイオワ州での党員集会で、ルビオ氏はクリス・クリスティ氏に攻められて同じ答えを4回も繰り返した。他に答えようがないのか、同じ台詞《せりふ》を言うだけかと散々批判され、ルビオ氏の支持率は一時顕著に低下した。ヒューストンでトランプ氏が右の一件を取り上げ、「4週間前、君は5回（実は4回）も同じ回答を繰り返したじゃないか」と批判すると、ルビオ氏が「5秒前、同じことを5回繰り返したのは君じゃないか」と当意即妙に切り返した。

これらはいずれもWSJ紙が報じた事例だが、ルビオ氏こそ本命候補であってほしいとの同紙の願いが込められた書き振りである。

2月21日、ハーバード大学の政治理論家、ダニエル・アレン氏のWP紙への寄稿は悲哀に満ちていた。民主党支持者の同氏はクリントン氏に投票すると述べたうえで、共和党も十分承知しているように彼女には弱点があり、トランプ氏との一騎打ちになれば勝てる保証はないと、現時点での状況を分析してみせる。だからトランプ阻止の責任は、民主党ではなく共和党にあると氏は結論づけるのだ。その視点から氏はいち早く指名戦から撤退したジェブ・ブッシュ氏を評価し、さらに共和党候補者一人一人に撤退を要請し、ルビオ氏の下で力を結集するよう勧める。ルビオ氏には、トランプ氏が指名を勝ちとった場合、党の決定といえども拒否せよと要求している。

どう考えても、米国世論は、一般有権者のそれも、一流紙に寄稿し社説を物す有識者のそれも、尋常ならざる混乱に陥っている。常識ある政治家には許されない暴言や非難の言葉を口にし、敵のみを作り、憎しみと対立を煽《あお》る一方で、具体的な政策を語らないトランプ氏を巡って、異常な政治感情がアメリカ社会に生まれている。その一方で、トランプ現象の分析も目につく。

なぜトランプ氏が台頭したのか。第一義的な責任が共和党にあるとの指摘はそのとおりだろう。共和党は比較的低所得の労働者層の不満を吸収できなかった。トランプ氏を軽く見る余り対処せずに放置した。

しかし、もっと大きな理由は2期8年にわたるオバマ政治にある。2月27日の「ニューヨーク・タイムズ」（NYT）紙でロス・ドゥザット氏が、トランプ現象の背景にオバマ氏の「上昇志向カルト」があると指摘したのは思いがけなかった。また、大統領権限を最大限活用して悉《ことごと》く議会を無視する手法は、トランプ氏の手法に対する社会の支持の拡大につながっているとの解釈もある。

日本及び世界から見て不思議でたまらないのは、民主、共和両党候補者のだれ一人、中国やロシアの脅威をアメリカの取り組むべき重要課題としては取り上げないことだ。

積み残される「戦争」

ロシアのシリア空爆などですでに500万人近くの難民が発生している。解決策の見えない難民問題が、米国にも欧州にも排外主義を広げている。世論は極右に引っ張られ、非常に内向きになりつつある。

クリントン氏やトランプ氏をはじめ、民主、共和両党の有力候補者は、ルビオ氏を除いて全員TPPにも反対である。TPPが米国一国の利害を超えて、21世紀の国際社会の基本的枠組みになる制度だと、彼らは認識しないのか。異形の価値観を掲げる中国に対して、日米を中心軸とする長期戦略の土台のひとつがTPPであることに考えが及ばないのか。

そのような中、2月25日のWSJ紙が「米国の新しいリビア戦争」という社説でオバマ外交の決定的失敗を列挙した。「オバマ大統領よ、戦争で、早まった勝利宣言で兵を引くことの苦い結末から学べ」という主旨だ。

オバマ大統領は2011年末までにイラクから米軍を撤退させたが、いま再び数千の軍人を送り込まざるを得なくなっている。アフガニスタンからの16年中の撤退予定も、強大化するISの勢力の前に、変更に追い込まれた。そしていま、「リビア及びその先に展開した米特殊部隊を防護するため」として、リビア攻撃用の米軍の無人機基地をイタリアに確保したというのだ。

オバマ大統領はこの情報が大きく報じられるのを嫌っているが、中途半端《はんぱ》な対策の負の遺産として、これらの中東及びアフリカにおける「戦争」は次の大統領に積み残される。

そうした課題をトランプ氏に任せるのは、想像するだに不安である。国際情勢が混乱に向かうことを前提に、私たちは日本にできる限りの備えを急がなければならない。

（2016年3月10日号）

超高齢化社会に潜むリスクに備えよ

日本は世界一の長寿国となったが、高齢化に伴うさまざまな課題を賢く解決しなければ、長寿大国の意味はない。いま、多くの人が高齢者と共に暮らし、何らかの形で介護に携わっている。介護される側も、する側も、眼前で発生する問題に、とにかく対処しなければならない。理屈よりも現場なのである。

そうした中、高齢化時代に国民一人一人がどのように元気に、幸福に暮らしていけるか。元気でなくなったときにどのように問題を乗り越えていけるのか。元気でなくても無事に安心して暮らせる仕組みをどう作っていくか。そのモデルを作り出せたとき、日本人は今よりずっと安心して暮らし、幸せになれるはずだ。大きく構えて言えば、日本は今よりもっと人類全体に貢献できるはずだ。

その意味で、2016年3月1日の最高裁判所判決には考えさせられた。

「事故」が起きた07年12月、認知症で要介護4のその男性は91歳だった。男性は同居の妻（当時85歳、要介護1）らが目を離した隙《すき》に外出してしまい、愛知県のJR東海道線共和駅のホーム端の柵《さく》を開けて線路内に入った。裁判所の認定はこうだが、本当にそのような形で線路内に入ったのかどうかは、確認が難しい。男性はここで電車にはねられ、死亡した。

事故後、JR東海は民法に基づいて、家族を監督義務者と見做《みな》し、「列車の運行に障害が出たことによる直接被害額」、720万円の支払いを求めた。しかし、家族側はむしろ亡《な》くなった男性こそ被害者であり、JR側に責任があるとの立場をとった。両者は折り合えず、この種のケースとして初めて裁判になった。

まず名古屋地裁はJR側の主張を全面的に認め、妻と長男に360万円ずつ、計720万円の支払いを命じた。次に、同高裁は約20年も別居していた長男には監督義務はないとして、妻だけに約360万円の支払いを命じた。そして最後に、3月1日の最高裁判断では、下級審判決は破棄され、JR東海の逆転敗訴となった。

増え続けるリスク

死亡した男性を介護していたのは、要介護1の認定を受けている妻と、近所に転居し義父の世話に当たった長男の妻だった。長男は横浜市在住で、前述したように20年以上、親と別居していた。

最高裁判決のポイントは、①同居する配偶者というだけでは民法上の監督義務は負わない、②家族が患者とどう関わっていたかを総合的に判断する必要がある、③今回の事例では家族は努力しており、男性の徘徊《はいかい》を防ぐのは困難だった、従って賠償責任はないというものだ。

「大変あたたかい判断をいただいた。良い結果に父も喜んでいると思う」という長男のコメントにも見られるように、家族に厚く配慮した同判決は、多くの人の賛同を得たはずだ。しかしそれだけでは済まない要素があるのではないか。

いま認知症の人は65歳以上の層で7人に1人、あと10年もすれば5人に1人まで増える。これからも、この種の事故は起き続ける。もはや他人事《ひとごと》ではないこうした事例について私たちはどう考えればよいのか。

弁護士の鈴木利廣《としひろ》氏は薬害エイズ裁判の原告代理人を務め、薬害防止に大きな足跡を残した。氏は、今回の問題を次のように語る。

「一番の被害者は亡くなったご本人です。そう考えれば鉄道の危険性をもっと明確に認識してJRの責任を問わなければならないと思います。高齢化社会においてはリスク要因は増え続けます。鉄道も含めて、リスクをどうコントロールするかという視点が強調されるべきです」

鈴木氏の見方はJR東海に対して厳しいが、事故はJRの落ち度から起きたのだろうか。JRは事故防止のための適切な対策をとっていなかったのか。この点について、今回の裁判ではJR側の対策への批判はない。JR側はこれまで講じてきたさまざまな事故防止策が認められたとの見方をとっており、評価は分かれる。

判決では、監督義務者は特定されなかった。その一方で、損失はJRが引き受けた。亡くなった方の命に思いを致しながらも、家族が免責されたあとは、企業が事実上の責任をとるということで果たしてよいのだろうか。この点について弁護士の清水勉《つとむ》氏が語った。

「私たちはいま、人類が初めて体験する超高齢化社会に生きています。その中で、責任能力を失った人たちを一体誰に委《ゆだ》ねるのかが問われたわけです。

鉄道会社を巻き込む事故としては小さな子供さんの事故、今回のような認知症患者の事故に加えて、投身自殺というケースもあります。企業としては当然、リスクを計算しなければなりません。しかし、このようなリスクを鉄道会社だけに負わせるのは無理です。政府だけに負わせるのも、個人、つまり家族に負わせるのも駄目です。現実を見れば、私たちの社会はまだ、こうした問題に向き合えていないのです。今は誰かが犠牲になっている。それは誰もが犠牲になり得るということを意味します。今後は、誰も犠牲にならない社会にする必要がありますが、これは簡単なことではありません」

「責任の空白」

今回の判決では、長年親と別居していた長男には監督義務はなく、従って賠償責任もないとされた。この点について鈴木氏は次のように懸念《けねん》する。

「関わらないことが免責につながると拡大解釈されるのは危険です。認知症患者や精神障害者は病院に入れてしまえということになりかねません。しかし、そんな社会を望む人はいないでしょう」

清水氏も語る。

「離れていれば監督責任を問われないなら、年老いた親は施設に入れればいいということにもなりかねない。これが解決策だとはとても思えないですね」

そのような社会にしないためには家族の存在、家族との関わりが非常に大事だという価値観をきちんと共有しなければならないのではないか。

その意味で、離れて暮らしているから監督義務はないとの考え方は、放置することを推奨しかねない。家族としての責任、或《ある》いは家族の絆《きずな》について、もう少し別の考え方をする方が、互いによいのではないか。

私自身は、家族にはやはり責任があるのではないかと思う。同時に、家族もするべきことはした、その家族に責任をとらせるのは忍びない、従って賠償責任は免ずるという考え方はできないものだろうか。「責任の空白」を作らない方が、社会としても個人としても落ち着くと、私は確信している。

こうした事故や病気を含めて超高齢化の道を選んだ私たちがとれる対策は何だろうか。清水氏も鈴木氏も、そして私も考えたことは2つである。家族を含めた社会の皆が助け合う、保険制度を充実させる。実はこれが、日本と日本人のよさを生かす道だと思う。

（2016年3月17日号）

高浜原発運転差し止め仮処分決定に見る司法の危機

日本は果たして公正な国か、国民は究極的に国を信頼できるのか。この問いへの回答は、司法が良識と法律に適《かな》った判断を下しているか否かという中にある。司法は国民にとって社会や国の公正さを信ずる最後の拠《よ》り所である。司法の健全さは、その国が国民によっても世界によっても信頼される鍵《かぎ》だと言ってよい。

たとえば国家としての中国はおよそ信頼に値しないが、その理由をダライ・ラマ法王14世はこう語っていた。

「司法の独立がないことが中国の最大の問題であり、悲劇です。司法は中国共産党に従属し、判事の任命も判決も共産党の了承なしには不可能です。判決は法ではなく、政治的イデオロギーに基づいて下されます。中国の司法は事実も真実も認定できず、独裁政治を支えることによって、中国社会を蝕《むしば》んでいます」

では日本の司法はどうか。中国とは異なり、わが国には言論、思想信条の自由がある。三権分立も確保されているはずだ。しかし、さまざまなイデオロギーの呪縛《じゅばく》から解放されているわけではない。それが司法の公正さを歪《ゆが》めていると思われる。

２０１６年3月9日、大津地方裁判所の山本善彦裁判長が仮処分で関西電力高浜原発3、4号機の運転差し止めを命じた。私は大層驚いた。

右の高浜原発3、4号機は15年2月、原子力規制委員会（規制委）の新規制基準に合格し、再稼働《さいかどう》に向けて準備中のところを、住民の訴えを受けた福井地裁によって同年4月、再稼働を認めない仮処分が出された。これに関西電力が異議を申し立て、同じ地裁の異なる裁判官が再審査し、仮処分を取り消したのが同年12月だった。関電は16年1月には3号機を、2月には4号機を再稼働させた。しかし今度は、大津地裁が運転差し止めの仮処分を下したのである。

反原発イデオロギー

山本裁判長が挙げた仮処分決定の理由は、①福島原発事故の徹底した原因究明がない、②新規制基準はただちに安全性の根拠とはならず、過酷事故時の安全対策が十分とは証明されていない、③原発の安全性の立証責任は関電側にもあるが、関電は十分説明できておらず、判断に不合理な点があると推認される、などである。

決定文を読んでみて、この仮処分はどう見ても不公正だとしか思えなかった。反原発イデオロギーに染まった結論ありきの判断だったと断ぜざるを得ない。

たとえば②について規制委の田中俊一委員長は、日本の安全基準が世界最高レベルに近づいているという認識を変える必要はないと語り、国際社会の多くの専門家も、日本の安全基準については同様の評価をしている。こうした内外の専門家の評価を、山本裁判長はどういう根拠で否定したのか示していない。

裁判所が提起した②及び③を含む争点について、実は関電側は詳細な説明及び資料を提出している。彼らは計14通、843頁《ページ》に上る主張を行い、提出した立証資料は219通だと発表した。だが、裁判所は関電側に十分説明する機会を与えなかったというのだ。関電は十分説明できていないのではなく、裁判所が十分な説明をさせず、一方的な審理を進めた事実が見えてくる。

北海道大学大学院工学研究院教授の奈良林直氏は裁判所の審理に対する姿勢以前に、仮処分決定の「前提事実」が間違っていると指摘する。

「裁判官は原子炉の仕組みを誤解しています。誤解というより、全く知らないのだと思います。その結果、前提においても判断においても間違っています」

たとえば、決定文の2頁以降、「(3) 原子力発電の仕組み」の「オ」の欄にはこう書かれている。

「1次冷却材の喪失（以下「LOCA」という。）が発生したときは、原子炉容器を冷やすことができず、発生した熱によって原子炉容器内の燃料集合体が損傷し、燃料集合体ないし1次冷却材中の放射性物質が外へ漏れ出し、（中略）最終的には、本件各原発から放射性物質が放出される」

奈良林氏の説明である。

「LOCAが起きた場合、つまり、原子炉容器内の燃料冷却材が失われた場合、ECCSと呼ばれる非常用炉心冷却系が作動するように設計されています。そうすると炉心に水が注入され、炉心全体が完全に冠水します。高浜原発3、4号機もそのように設計されています。水で満たせば冷却できるわけです。燃料集合体も損われません。さらに格納容器スプレイで格納容器全体を冷やすように設計されています。

この一連の冷却が確実にできるということを、原子力発電所の設置時に行う安全審査で確かめて、世界中の実験結果や解析資料をもとに証明して、初めてその原子炉は安全である、合格であると認められるのです。このプロセスは全ての原子力発電所に関して行われており、少しの変更も許されていません。この点を無視して危険だと断じたのは、裁判官は、世界中の専門家たちが知恵を絞った原子炉の安全性確保の設計と原子炉設置許可の厳格な審査を全く理解していないということです」

まだ一基もない

決定文にも矛盾がある。債権者、つまり仮処分を求めた住民らのテロ対策に関する主張として、38頁には「ＥＵでは、原子炉にコアキャッチャーを付けること及び格納容器を二重にすることが標準仕様となっているが、原子力規制委員会は、このような整備を要求していない」と記述されている。

コアキャッチャーとは原子炉の炉心がメルトダウンするとき、溶けた燃料の溶融物を受け止めるための耐熱設備である。

「たしかにいまフランスで建設中の欧州加圧水型原子炉（ＥＰＲ）にはコアキャッチャーは組み入れられています。しかし、ヨーロッパで現在運転中の原子炉にはコアキャッチャーを導入しているものは一基もありません」と奈良林氏。

また二重の格納容器は、航空機が突っ込んでくるようなテロに備えるという考え方から生れたものだが、これも将来は別にして現在、標準仕様になっているわけではない。

第一、山本裁判長は決定文の52頁「（2）争点5（テロ対策）について」の項で

「債務者（関電）は、テロ対策についても、通常想定しうる第三者の不法侵入等については、安全対策を採っていることが認められ、（中略）新規制基準によってテロ対策を講じなくとも、安全機能が損なわれるおそれは一応ないとみてよい」と書いている。

だとすると、世界最高水準の新規制基準が他国と較《くら》べて見劣りする点はひとつもない。この基準のどこが不十分だと言うのだろうか。再稼働差し止めに走る余り、論理に整合性を欠いていることに、山本裁判長は気づいていないのではないか。これは司法の暴走以外の何物でもない。

（2016年3月24日号）

米中の闘い、中国は死に物狂いになっている

アメリカのオバマ大統領が2016年3月10日、ホワイトハウスのローズガーデンで会見して語った。大統領候補者指名争いで彼らが互いを非難し合う様は「不快(nasty)」で「私はそうしたこととは無関係」だ、と。

するとその16日の「ウォール・ストリート・ジャーナル」紙(WSJ)に、大統領は自身の責任に口を拭《ぬぐ》っているとの批判が掲載された。

民主党のバーニー・サンダース、共和党のテッド・クルーズ、ドナルド・トランプ3氏を含めて、候補者らの汚い罵《のの》り合いはオバマ政治への失望と憤《いきどお》りの反映であることに、当の本人が知らぬ顔をしているという批判である。

右のコメントを読みながら、私はあることを思い出した。オバマ大統領は自身が打ち立てた戦略の意味を理解しているのかと思わず疑ったケースである。

話は少し遡《さかのぼ》る。15年10月、オーストラリア北部準州の州都、ダーウィンの港一帯を

中国企業のランドブリッジ社が99年間のリース契約で手に入れた。価格は430億円余り、他の入札者よりかなり高額での落札だった。驚いたのは米豪両国の軍関係者だった。なぜならここは、東南アジア諸国の島々や海を奪い続ける中国を牽制《けんせい》するため、南シナ海を窺《うかが》う拠点として11年11月、オバマ政権が米海兵隊の駐留拠点に選んだ戦略的要衝だったからだ。

当時、オバマ大統領はオーストラリアを訪れ、豪州議会で演説し、世に言われるアジアピボット（アジアに重点を置く外交）政策を高らかに謳《うた》い上げた。オバマ大統領が提唱した主要ポイントは3点だった。アメリカは中東のアフガニスタン及びイラクから撤兵してアジア太平洋地域を最優先する、アメリカは太平洋国家である、アメリカ外交は「核心的原則」に基づく、である。

核心的原則とは、国際法や国際規約を尊重すること、航行の自由を守り通すこと、問題発生時には武力に訴えず平和的解決に徹するという意味で、全て中国への牽制球である。

当事者意識の欠落

中国への牽制を行動で示すために、オバマ大統領はアメリカ海兵隊の拠点にダーウィンを選んだ。南シナ海を侵略する中国を監視し、抑止し、有事の際には直ちに駆けつけられる格好の位置にダーウィンはあるからだ。いまその戦略拠点に、選りに選って中国企業が手を出してきたのだ。

この中国企業のホームページには「強い企業は祖国への恩返しを忘れず、利潤豊かな企業は祖国防衛を忘れない」と明記されている。つまり、同社は中国共産党とほぼ一体の存在であると見てよいだろう。

99年というリース期間の長さも、あまり開発されていない港地域を高値で入手した経緯も、リース契約が商業目的より、中国の国家戦略上の思惑からなされたことを示《し》唆《さ》している。

アジア回帰を成し遂げ、中国抑止の目的で、ダーウィンを海兵隊の拠点に選んだオバマ大統領は、本来ならこの取引に疑問を抱き、反対してもおかしくないはずだ。しかし、取引から約ひと月後、マニラでターンブル豪首相と首脳会談を行った際、オバマ大統領はただ次のように述べたそうだ。

「次回は、前もって知らせてほしい」

「次回」はいつ来るのだろうか。それにしても、と私は思う。アジアピボット政策は、アジア諸国からの信頼を細らせているアメリカを、それでも信頼していこうと思わせ強力な政策である。それを謳い上げたのはオバマ大統領自身である。その政策の意義を忘れたかのような、無関心に近い「次回は……」という反応は、ほぼ1世紀にもわたって港をリースするという中国の戦略の深刻さを見抜けないからであろう。

オバマ大統領の危機意識の薄さ、或いは当事者意識の欠落とでも言えば良いのか、オバマ氏の安全保障政策には虚《むな》しさが残る。中国がアメリカに挑戦状をつきつけていること、習近平主席らは死に物狂いだということをもっと厳しく認識すべきだ。

ダーウィンの一件から約ひと月後の11月下旬、今度はアフリカ東部のジブチで、民間企業ではなく中国外務省が前面に出る形でアメリカに挑戦状がつきつけられた。彼らはジブチに燃料などの補給施設を建設すべくジブチ政府と協議中だと発表したのである。

ジブチはソマリア半島の付け根に位置し、紅海からアデン湾に出る要衝である。アメリカはこれまで同地を中東、北アフリカにまたがるアラブ諸国の情報収集センターとして、また原油などの重要物資の積み出し港があるアデン湾や紅海を睨《にら》む拠点として重視してきた。そのアメリカの鼻先に「国際社会及び地域の平和と安定のために中国軍が果たす役割をさらに広げる」として、中国が拠点を築くのである。

実効支配の確立

ソマリア沖では多くの国の海軍が海賊退治で力を合わせている。それは国際協力の範囲内だが、一方で国際協力は常に協力と競合、情報収集と相手方の分析など、決して油断できないオペレーションの連続でもある。紅海、アデン湾、ホルムズ海峡といずれも戦略的重要性の高い海域を見晴らすアメリカ軍の拠点近くに、中国が拠点を築くのだ。アメリカに対する大胆な挑戦である。米中の戦いは熾烈《しれつ》である。

「偉大なる中華民族の復興」という「夢」を掲げる中国は、南シナ海支配を強化するため、現在も埋め立てを続けているパラセル諸島の中で最大のウッディー島に、HQ－9地対空ミサイルを配備した。スプラトリー諸島にも早い段階で同様の配備をするだろう。その場合、中国はとり立てて防空識別圏など宣言しなくても、事実上防空識別圏を設けたことになる。中国はこのような実効支配の確立を得意としてきた。

対してアメリカ側は最強のステルス爆撃機B－2を3機配備した。相手に行動を慎ませるには具体的にどのような軍事行動と配備が必要なのか。米中もASEAN諸国もこの眼前の問いに日々向き合い、厳しい判断を重ねている。国際政治の厳しさについて、どの国の政府も、対処策を工夫し、実行しなければ生き残れない状況が生まれているのである。日本も例外ではあり得ない。日本には憲法の制約があるが、いま、その制約を解き、新たな危機に備える準備を急ぐ局面である。

大事なことについて国民に知らせず、拠《よ》らしめて従わせるのが中国である。しかし、有無を言わせぬ習政権の足下では不安定要因が増している。習主席に辞任を要求したとされる5人のジャーナリストらが失踪《しっそう》した。この件について、多くの国民から批判が生まれている。香港の書店関係者も、ノーベル平和賞受賞者の劉暁波氏も、人権派弁護士も皆、拘束され酷《ひど》い扱いを受けている。明らかに人心は離れつつある。中国とは正反対の日本の在り方や価値観を、いまこそ、日本の強味や武器とすべきときだ。

（2016年3月31日号）

過激派テロの脅威は「アメリカ頼み」では解決できない

2016年3月22日、ベルギーの首都ブリュッセルの国際空港と地下鉄駅で同時テロ事件が発生するや否《いな》や、ベルギー原子力監督機構は国内の原発7基の現場で働く職員の大半に帰宅命令を出した。次に出社命令が出るまで自宅で待機せよという指示である。

原発稼働に必要な最小限の幹部だけを残しての突然の帰宅命令についてベルギー当局は、職員の氏素性は十分に調査済みだが、「後悔するより安全第一だ」と述べている（「タイム」誌、4月4日号）。

原発サイトで働く人々の中に1人でもテロリストがまじっていれば大惨劇が生じかねないと危惧《きぐ》しての判断だった。この判断は闇雲《やみくも》になされたのではなく、イスラム国（IS）が放射性物質を含む大量破壊兵器の入手を目指していることを示す証拠が断片的ながらも集積されていたという事実に基づいたものだった。

たとえば15年11月13日に発生したＩＳによるパリ襲撃事件の捜査の過程で犯人のアジトから1本のビデオが見つかった。そこには生垣に仕込んだ隠しカメラで逐一撮影されたベルギー連邦原子力エネルギー研究センター幹部の自宅の映像が記録されていた。幹部の勤務先には核兵器の材料となり得る高濃縮ウランが保管されている。医療用放射性物質も貯蔵されており、これらは放射性物質を撒《ま》き散らす「汚い爆弾」（ダーティー・ボム）の原材料となる。

核兵器でなくともダーティー・ボムが都市攻撃に使用されれば、都市は壊滅的被害を受ける。犠牲者の数も計りしれないだろう。ＩＳは究極の攻撃兵器の製造を念頭に、放射性物質の入手につながるこの幹部を誘拐する目的で自宅を監視していたと分析された。

ＩＳをはじめとするテロリストの実力の程はどうなのか。彼らは15年8月時点でイラクのクルド人部隊に化学兵器のマスタードガスを使用した可能性があると、当時、「ウォール・ストリート・ジャーナル」紙が報じた。いま、そのＩＳが粉末状のマスタードガス製造に成功したと、今度は、「タイム」誌が報じている。

ゆるい管理体制

同誌はこれをオウム真理教がサリンガスを製造したのに続く、テロリストによる化学兵器の製造例と位置づけている。欧米諸国は日本人よりはるかに厳しい認識でサリン事件を記憶しているのである。

核によるISのテロについては未《いま》だ深刻な脅威ではないと考える専門家もいるが、ISが近未来に核、もしくはダーティー・ボムなどの大量破壊兵器を手にする確率は高いと見ておくべきだろう。そう考えなければならない理由のひとつが放射性物質のゆるい管理体制である。

世界には130か国に分散する形で1800万トンもの放射性物質が存在する。しかし、保管に関して安全策を講じているのはわずか23か国だと言われている。放射性物質は軍事施設だけでなく、病院や研究室など多くの民間施設に分散しており、その全てで万全の保管体制を作ることは至難の業だと言ってよい。

この危うい現実がベルギーのテロ犯たちに放射性物質を狙《ねら》わせたとも言えるだろう。彼らは今回は入手に至らなかった。しかし、同じような試みが繰り返され、彼らが大量破壊兵器を手に入れる日はいつか来ると見るべきだ。テロはこれまでよりもはるかに危険で厄介な局面に入っているのである。

また、各国政府がテロリストをコントロールすることも困難になりつつある。各地でテロに走る若者たちの多くは、移住先の国に溶け込むことができず、ISの偏狭かつ暴力的な教えに感化されている。一方、ベルギー在住のエッセイスト、大野ゆり子氏が16年3月27日の「読売新聞」で、今回のテロ事件の容疑者の多くがベルギー生まれの若者であること、過激思想の拠点となったモレンベーク地区は市の中心部に近い所にあることを指摘していた。

彼女はその地区内の地下鉄駅をよく使うそうだ。日常の風景の一地域から過激思想の若者たちが生まれてくる。彼らに疎外《そがい》感を抱かせれば、向う側に押しやってしまう。しかし有効な解決策は見当たらない。こうして次々に地元で生まれるテロリストたちに各国は対処しきれずにいる。新たなテロが発生し続け、その波はいまやアジアにも押し寄せている。

2016年に入ってインドネシアやパキスタンでもテロが続く。

1月14日にはジャカルタの中心部で20人以上が死傷した。同月20日にはパキスタン北西部のペシャワル近郊で21人が殺害された。3月27日にはまたもやパキスタン東部の都市ラホールの自爆テロで72人が死亡した。

直近のこのテロ事件の犠牲者数はベルギーでのそれよりもはるかに多い。日本での報じ方はベルギーのテロと較べると驚くほど地味であるが、アジアにもテロが広がっていること、それらのテロはやがて日本への脅威となることについて、もっと危機感を抱かなければならないはずだ。

日米安保に不満

テロをどこか他国の事象としてとらえ、日本に関係することとしてとらえにくいのは、戦後70年、一度も戦争をせずにきた日本だからこそであろうか。私たちが向き合わなければならないのはテロ攻撃の可能性だけではない。国際社会の動きは日々刻々と変化すると言ってよい程、大きく変わりつつある。その変化に正対しなければ日本は本当に大変なことになる。日本を、厳しいが当たり前の現実に引き戻そうとしているのがアメリカの変化であろう。

オバマ大統領が世界の警察をやめた結果、世界にもたらされた変化は中国の膨張であり、テロリスト勢力の拡大だった。オバマ政権が米国内にもたらしたのが、根拠不十分な極論を吐き続けるドナルド・トランプ氏である。

トランプ氏の発言の殆《ほとん》どは論外だが、その中には日本が真剣に向き合わなければならない点がある。日本は日米安保条約でアメリカに助けてもらう一方で、アメリカを助けないのは許し難いという非難である。

氏の日本非難の発言が繰り返し報道されることで、より多くの米国人が、日米安保の性質に気づきつつある。安倍政権だけでなく、民主党の野田政権でさえ、日米安保政策に関しては努力を重ねてきた。しかし、そのような細かい事情は関係なく、アメリカ国民は片務性の強い日米安保に不満を抱くだろう。これは日米安保に大きな影響を与えずにはおかない。

いつまでもアメリカに頼ってばかりいては日米関係も機能しなくなるということだ。テロの脅威についても、中国の脅威の前で自国の安全をどう守るかについても、より現実的に考えなければならないいま、安保関連法の施行を、せめて評価したいと思う。

（2016年4月7日号）

日本人にとっての4月の意味を知っていますか

日本にとって4月は特別な月だ。28日はサンフランシスコ講和条約が発効し、占領下にあった日本が主権を回復して独立した日で、翌29日は昭和天皇のお誕生日である。29日はいま「昭和の日」に改められているが、長年「みどりの日」という訳のわからない祝日だった。それがようやく「昭和の日」という本来の由来に適った祝日になったが、みどりの日が5月4日に移され、3日と5日の谷間を埋める新たな祝日にされたのは周知のとおりだ。一方、主権回復の日として、日本全体で祝うべき28日には、国民の注意は殆ど向けられていない。

2016年の暦で気づくのは、8月11日が「山の日」として祝日に加えられたことだ。「山に親しみ山の恩恵に感謝する日」とされているが、関係筋は、7月に「海の日」の祝日があるので、山の日も必要だと語る。

これで日本の祝日は年間16日にふえた。先進国中最多である。人生を楽しむ一方、余り働かないイメージのあるイタリアは日本の次に祝日が多い。それでも年間13日である。フランスは11日、アメリカ10日、ドイツ9日、イギリス8日と続く。

休日はよく働いたことへのご褒美《ほうび》とも言えるが、その割には日本の労働生産性は非常に低い。アメリカとの比較で4割近く、ドイツとの比較では2割以上も低い。労働生産性の低さは自慢できるものではなく、日本経済が成長しない要因として指摘されている。そんな状況で、海の日があるから山の日もという理屈にならない理屈で、新たな祝日を設けたのは正しいことだったとは思えない。

祝日には各々《おのおの》意味があるはずだ。単なる休日にとどまらず、日本に生まれてこの国で暮らす人々が、日本がどういう国でどんな足跡を辿《たど》ってきたかを想《おも》い出す日でもあってほしい。4月28日に想いを致すことの重要性もそこにある。

皇室の「私的行事」

4月にはもうひとつ大事な日があった。2600年前、初代神武天皇の崩御の日が3日だったのだ。この大事な日に、天皇皇后両陛下が秋篠宮《あきしののみや》御夫妻を伴って、奈良県橿原《かしはら》市の神武天皇陵で式年祭に臨まれたと報じられた。陛下は神武天皇の御霊への御自身の想いを「御告文《おつげぶみ》」に託して読み上げられ、神武天皇を祭る橿原神宮も参拝されたという。他方、皇太子御夫妻も皇居皇霊殿での儀式に「古式ゆかしい装束」で参列されたそうだ。

おかしなことだ。どの報道を読んでも、式年祭の様子がよく伝わってこない。神道《しんとう》に基づく式年祭で捧《ささ》げられた御告文はどんな内容なのか。日本の求心力の中心軸であり続ける皇室の、その初代天皇である神武天皇に、現代日本国民を代表して御告文を捧げた今上天皇のお気持は那辺《なへん》にあるのか。要点だけでも国民に知らせることが大事だと思う。

また皇太子御夫妻以下皇族の方々が身にまとわれた「古式ゆかしい」衣装とはどんな衣装なのか。視覚的に想像するためにも、説明がほしい。

更に皇太子御夫妻は古式ゆかしい衣装に身仕舞を整えるに当たって斎戒沐浴《さいかいもくよく》をなさったのか。それとも今回の祭式ではそこまでの必要はなかったのか。皇室の神事の殆どすべてに欠席されていた雅子さまが今回出席なさったのは、ご体調の改善として喜んでよいことなのか。以降は皇室そのものと言ってよい神事に携わっていかれるのか——国民として知りたいことは少なくない。

「産経新聞」記者の山本雅人《まさと》氏が著した『天皇陛下の全仕事』(講談社現代新書)には、神武天皇祭についてざっと以下のように書かれている。

神武天皇崩御の日には皇霊殿で午前10時から祭儀が行われる。宮内庁楽部によって「東遊《あずまあそび》」が奏され、天皇が御告文を読み上げられ、皇后、皇太子御夫妻が拝礼される。皇霊殿御神楽《みかぐら》は午後5時から未明まで続けられる。

一日中続く祭儀と、明け方まで奉納され続ける御神楽から、歴代天皇が神武天皇の御霊に感謝し、御霊に喜んで戴《いただ》けるよう心を尽してきたわが国の歴史が窺われる。2016年は2600年の特別の式年祭であるために、天皇皇后両陛下は遠い神武天皇陵に参られたのであろう。そこに秋篠宮御夫妻を伴わせ、皇太子御夫妻は皇居に残られた。

このように大事な祭祀《さいし》であるにも拘《かかわ》らず、メディアは本当に知りたいことを伝えていない。現行憲法の下では祭祀はすべて皇室の「私的行事」とされているからか。祭祀は本来、皇室の最重要の仕事であり、その位置づけは今日も変わるまい。祭祀はかつては国の行事でもあった。それを現行憲法は、皇室といういわばひとつの家族の内々の行事に格下げした。「私的行事」であるために、メディアも詳報せず、国民の目にも耳にも、皇室行事の実態は伝わらない。皇室と国民との縁は遠くなりがちで、これは日本にとって不幸である。

日本の国柄

いま習近平主席は「中国の夢」、「偉大なる中華民族の復興」というスローガンを掲げる。習氏の目指す強く大きい中国がうまくいくとは限らない。それでも周辺国は中国の脅威を恐れ続け、属国化されないための努力を重ねている。最大の標的にされているのが日本である。捏造《ねつぞう》した歴史を世界に広げる彼らの執念に見られるように、中国は日本の精神、日本の背骨を打ち砕こうと懸命である。そんな中国の意図に屈しないために、私たちは何よりもまず、己《おのれ》を知ることが大事だ。わが国の国柄を理解して彼我の違いを知り、自信をもって日本の価値観を推進していくのが最善の道だ。

聖徳太子（574〜622）から天武天皇（?〜686）、さらに聖武天皇（701〜756）へと受けつがれた価値観の流れを把握しておけば、日本の国柄についての本質的理解に近づけると思う。

聖徳太子は小野妹子を隋に派遣し、彼らと対等の地位を勝ち取った。十七条の憲法を物し、中国とは正反対の、民（国民）を大事にする価値観を国家統治の基本として定着させた。

天武天皇は、日本を唐風に染めるのか、大和風を守るのかの戦いだった壬申《じんしん》の乱で勝利し、中国の属国化を回避した聖徳太子の路線を引きついだ。日本の国柄を守り抜き、それを伝える民族生成の物語を大和言葉による古事記として稗田阿礼《ひえだのあれ》に誦習《しょうしゅう》、伝承させ、今日に伝えしめた。

聖武天皇は聖徳太子と天武天皇をこの上なく尊敬し、民と国家のために祈る祭祀王としての責務を完《まっと》うした。豊作の年には民の租税を大いに免じ、光明皇后は施薬院《せやくいん》や悲田院《ひでんいん》を設けて病苦と貧しさから民を助ける慈善事業を確立した。

今上天皇及び皇后陛下の国民に寄り添われる姿勢や国民のために祈る心の源流が、このような皇室の歴史の中から生まれている。4月の暦から読みとれる日本の国柄を、これからの日本の強みとしたいものだ。

（2016年4月14日号）

「植民地は悪」という歴史観を正せ

「日本はかつての植民地や勢力圏の国々に対して、もっと積極的に関与していった方がいい。フランスのように、旧植民地に対して責任ある前向きの関与があった方がいい」

こう語るのは静岡大学教授の楊海英《ようかいえい》氏だ。氏は南モンゴル（内モンゴル）のオルドスという高原で生まれた。これまでに『チベットに舞う日本刀　モンゴル騎兵の現代史』（文藝春秋）、『墓標なき草原　内モンゴルにおける文化大革命・虐殺《ぎゃくさつ》の記録（上下）』（岩波書店）でそれぞれ、樫山純三《かしやまじゅんぞう》賞及び司馬遼太郎賞を受賞した。樫山純三賞は現代アジアについて独創的で優れた著作に与えられる賞である。

文化人類学者としての綿密な現地調査に基づく『内モンゴル自治区の文化大革命　モンゴル人ジェノサイドに関する基礎資料』（風響社）では、楊氏は第8巻までの出版で、7000頁以上にわたって政府の公文書や被害者報告などを収録している。

モンゴル、中国、日本の歴史を丹念に辿る著者がいま、日本は朝鮮半島、台湾、旧満州そして内モンゴルなどにもっと関与せよと言う。

「こんなことを言うと、いや、そうじゃない、もっと反省しろ、反省が先だと言い出す人が必ずいます。しかし、反省だけでは問題解決になりません。国際情勢を見れば、日本はやはり、いま建設的に関与していかなければならないと思います」

楊氏は中国における民族問題をモンゴルとウイグルの視点から論じ、日本の「関与」がなぜ必要かを少しずつ明らかにしていく。

「近代における南モンゴルは中国と日本の二重の植民地だったと、モンゴルの政治家や知識人は理解しています」

正しくは内モンゴルは日本の植民地ではなく、日本の勢力圏だった。しかし、後述する理由で、モンゴルの知識人たちは、よい意味での植民地だったと感ずるというのだ。

「永遠に」残る中国

漢人は19世紀末から一方的にモンゴルの草原に押し寄せ、モンゴル人から土地を奪い開墾した。土地を獲得した彼らの中に、いつしか虐殺は裕福になるための手段だとでも考えるような精神的土壌が出来上がっていたと、氏は『墓標なき草原』で指摘している。モンゴル人が抵抗運動を始めたのは当然だった。そのモンゴルに日本が登場したのは日露戦争以降のことだ。１９３２年には満州国を建てた。

「満州国で日本は国民学校から大学まで多くの学校をつくりました。モンゴル人は初めて系統的な近代教育を受け、優秀な学生は東大も含めて日本の大学に留学しました」

多くの教育機関の中でも特に人気が高かったのが陸軍士官学校だったと楊氏は語る。詳細は氏の近著『日本陸軍とモンゴル　興安《こうあん》軍官学校の知られざる戦い』（中公新書）に譲るが、それにしても楊氏の指摘は、満州国建国を含む戦前の日本の行いはおよそ全《すべ》て悪だったとする歴史観に基づけば、思いがけないことばかりであろう。その点を、氏はこう説明した。

「日本の学界では植民地は悪だという歴史観が主だと思いますが、モンゴル人の見方は異なります。日露戦争以降、新たに登場した近代国家・日本の協力を得て、我々は中国から独立したいと考えた。アジアの殆どの国が西欧の植民地からの解放を目指しましたが、中央ユーラシアの遊牧民が目指したのは中国からの独立でした。遊牧民にとってロシアは仲間で、日本は頼りになる存在でした。それがモンゴルの歴史の真実です」

だが、敗戦で日本は撤退し、代わりに中国が「永遠に」残ることになったと、氏は嘆くのだ。

１９４９年の中華人民共和国樹立以降は、漢人が以前にも増して内モンゴルへ大量入植を始めた。49年時点でモンゴル人は80万人、中国人は５００万人だったが、現在、漢民族は３０００万人に達するという。

内モンゴル人がどれ程過酷な弾圧を受け、虐殺されてきたかについて氏は詳細には語らなかったが、『墓標なき～』ではこう記している。

「内モンゴルに侵入して殖民地を創《つく》った外部勢力は中国（漢人）と日本である。モンゴル人を（内モンゴルと外モンゴルに）分けて統治したのも中国と日本で、大量虐殺を働いたのは中国のみである」

楊氏は、文化大革命（１９６６～７６）開始から50年に当たる２０１６年、『中国文化大革命と国際社会』という論文集を発表した。その中で、南米、インドネシアなどの東南アジア、ネパール、日本、フランス、イギリス、アフリカ諸国など、中国が如《い》何《か》に多くの国々に干渉し、革命思想を輸出してきたかを描いた。

「非常におかしいと思うのは日本の学界でもメディアでも、かつて文革を熱烈に支持し高く評価した人たちが死んだ振りをしていることです」

彼らは自身の中国分析や報道が誤っていたという事実に向き合っていない、との批判であろう。間違いをきちんと分析することなしには、再度、日本の中国研究が間違った方向に行く可能性があるという懸念《けねん》でもある。

民族自決

楊氏は、日本人は歴史問題に占めるヤルタ協定の重要性を忘れているとも指摘する。1945年2月に米英ソの3国が結んだヤルタ協定について、ブッシュ米大統領は戦後60周年の2005年、ラトビアの首都リガを訪れ「アメリカが犯した最も深刻な間違いだった」と語った。ヤルタ協定に署名したのは米英ソの、ルーズベルト大統領、チャーチル首相、スターリン首相の3首脳だった。三者間で結ばれたヤルタ協定で戦後の国際社会の枠組みが決定された。米大統領のフランクリン・ルーズベルトはスターリン首相に日ソ中立条約を破棄して対日参戦をするように促し、その見返りに「樺《から》太《ふと》の南部」も「千島列島」もソ連に引き渡すことを密約した。これは今日の北方領土問題に直接つながっている。ルーズベルトは共産主義の本質を見誤り、ソ連に過剰な譲歩をした、さらに民族の自決、独立という視点から見てもヤルタ協定はおかしいと、楊氏は語る。

自由主義陣営が植民地にした国々は、戦後、民族自決を果たしたが、スターリンや毛沢東が支配したところはそうではないからである。

「ソ連は崩壊して中央アジア5か国は独立できました。それで民族自決が実現したと思います。ただ、現在、唯一《ゆいいつ》、植民地的といってよい支配が終わっていないのは、或《ある》いはその種の支配を強化し、拡大しているのは中国です。南モンゴル、ウイグル、チベットだけでなく、下手をすればラオスやアフリカ諸国が中国の事実上の植民地にされてしまう。沖縄も例外ではない危険があります」

前述のように2016年は文革から50年、さらにソ連崩壊から25年である。17年がロシア革命から100年。共産主義勢力のもたらした弊害と共に、ヤルタ協定の意味を掘り下げることが、21世紀も続く中国の植民地的支配に苦しむ内モンゴルなどへの支援につながるのではないか。それが楊氏の言う、旧勢力圏に対して日本が果たすべき「積極的な関与」ではないかと思う。

（2016年4月21日号）

【追記】

2017年1月8日、「産経新聞」1面に、ヤルタ密約の新たな資料が発見されたという大きな記事が掲載された。イギリスのチャーチル首相が「米ソ首脳が頭越しで決定した」「全ての事項がすでに（米ソで）合意された後に昼食会で知らされた」、不本意ながら署名したのは「両国との結束を乱したくなかった」からだと示唆する書簡が、英国立公文書館で見つかったというのだ。

「産経」の報道によると、この手紙はチャーチル首相が1953年2月22日付でイーデン外相に送ったものだ。イーデン外相はその2日前の2月20日付でチャーチル首相に書簡を送り、アメリカのアイゼンハワー大統領が53年2月の演説で「共産主義による民衆の奴隷《どれい》化を招く秘密協定はすべて破棄する方針を打ち出した」ことなどを伝えていた。

チャーチル首相の書簡は、ヤルタ協定に署名した本人でさえも疑問を感じていたことを示すものである。ロシアのプーチン大統領は「北方領土は第二次世界大戦の結果、ロシア領になった」と主張しているが、その有力な根拠となっていたヤルタ協定及びヤルタ密約に疑問がつきつけられている。ロシア側の主張は根拠を失ったということである。

第3章　日本は誇り高き道を進め

中国が流布《るふ》する「慰安婦40万人説」はフィクションだ

「中国の新しい反日プロパガンダが本格化し始めました。彼らは慰安婦は20万人ではなく40万人だった、真の被害者は中国人慰安婦だったという資料を作成して欧米社会を説得しようとしています」

明星大学特別教授の高橋史朗氏が2016年4月15日、インターネット配信の「言論テレビ」の番組で語った。

高橋氏は、14年12月16日の中国メディアに掲載された記事、「FOCUS-ASIA」を示しながら語ったのだが、そこには中国慰安婦問題研究センターの統計として、「南京大虐殺《だいぎゃくさつ》の犠牲者数に相当する約30万人の女性たちが日本軍に蹂躙《じゅうりん》されて死亡、これは全体の75%に相当する」と記されている。

30万人が殺害され、それが全体の75%に当たるのであれば、慰安婦の全体数は40万人という計算になる。

「全体数40万人、死者30万人、中国人慰安婦20万人というのは完全なフィクションで対日歴史戦争の柱のひとつです。この作り話に学問的な装《よそお》いを施して信憑性《しんぴょうせい》を高めているのが、先程の記事に登場する中国慰安婦問題研究センターです。同センターは上海師範大学の中にあり、中心人物が教授の蘇智良《そちりょう》氏です。蘇氏は『中国人慰安婦(CHINESE COMFORT WOMEN)』という英語の本を14年に出版しました。以来、中国代表としてさまざまな国連関係の委員会に出席しています」

15年10月10日、ユネスコの世界記憶遺産に「南京大虐殺」の資料が登録されたのは記憶に新しい。登録を決定したのが国際諮問《しもん》委員会で、蘇氏はその会議にも中国代表として参加していた。

氏の『中国人慰安婦』は12人の女性の口述歴史集である。同書を幾度も読み返した高橋氏は、その内容には裏づけがないこと、あったとしても日本では全く信頼性のない伝聞が恰《あたか》も重大な証拠資料であるかのように使われていることを突きとめた。結論から言えば信頼には全く値しない書物だが、そこには逃げの手が打たれていると、高橋氏は言う。

「レイプ・センター」

「オーラルヒストリー、口述歴史集と書いています。少々の記憶違いがあったとしても、許容範囲内だと計算しているのでしょう。中国が巧みに喧伝《けんでん》する気の毒な女性たちの苦難を欧米社会はまともに受けとめています」

蘇智良氏の著書は出版元がオックスフォード大学だという点で権威の衣をまとう。本の裏表紙には慰安婦問題の権威の一人とされるマクドゥーガル氏の推薦文も載っている。

氏は国連の特別報告者として１９９８年に慰安婦問題の報告書を書いた人物である。クマラスワミ氏に続いてマクドゥーガル氏がまとめた報告書は、慰安所を「レイプ・センター」とするなど、クマラスワミ報告よりさらに厳しく感情的な内容となっているが、信憑性に欠けている。

高橋氏が指摘した。

「マクドゥーガル氏は蘇智良氏の本の推薦文で、『日本の慰安所で残酷な仕打ちを受けた中国人女性の生存者の証言を読むと深い苦悩を感じる。しかし、この話は語り継がなくてはならない。第二次世界大戦中に日本軍の支配地域で起こった酷い虐待の犠牲者を理解するのに、この本は多大な貢献をする』と誉め上げています」

オックスフォード大学からの出版、国連特別報告者の推薦を得たことなどで権威を高めた蘇智良氏は、国際社会にその存在を知らしめ、15年12月31日には米CNNにも登場した。12月28日の日韓両政府の慰安婦問題についての合意を受けての番組だった。高橋氏は同番組をしっかり見たと言う。

「番組は、上海師範大学の蘇智良教授によれば、という解説付きで、慰安婦は全体で40万人だった、半数が中国人女性で無給で売春を強いられたと強調する内容でした」

年明けの1月3日、同じく酷い内容がカナダのローカル紙、「オタワ・シチズン」に報じられた。

「蘇智良氏らの40万人説に基づいたのか、慰安婦は41万人とされています。多くの被害者は14歳から18歳の少女で、日本軍の狙《ねら》いは処女だった、抵抗する家族は殺されるケースもあった、生存者は46人のみと、でたらめな内容です。

中国の対日歴史戦争の嘘《うそ》が英語媒体を介して北米に広がっています。本来、日韓合意と中国人慰安婦は無関係ですが、中国は確実に蘇智良氏を世界に登場させてきているのです」

中国が15年の「南京大虐殺」に続いてユネスコの記憶遺産に慰安婦を登録すべく準備中であるのは周知の事実だ。日本政府は阻止できるのか。実態はお寒い。

「南京大虐殺」は登録からすでに6か月が過ぎても日本政府は目録しか見ていない。

日本側が要求しても中国は目録しか出さない。世界記憶遺産は、大事な歴史資料を誰でもアクセス可能な形で保存することを目的とした制度である。にも拘《かか》わらず、半年が過ぎても目録しか出さない中国の行為はユネスコの趣旨に反している。さらに、南京の件は、14人のメンバーで構成するユネスコの国際諮問委員会が審査したが、その中の誰一人として資料を見ていない。実質的な審議は国際諮問委員会の下部機関である、登録小委員会が行ったが、その小委員会で中国が提出した書類を見たのはたったの1人だった。再び高橋氏が指摘する。

「小委員会にも、上部機関の国際諮問委員会にも、南京事件について多少でも知っている歴史の専門家はいないのです。彼らは公文書保管の専門職員(Archivist)なのですから」

外務省こそ元凶

中国は他の5か国を取りまとめて慰安婦を登録申請する構えだ。締め切りは16年5月末。日本が、彼らが作成中の資料にひとつひとつ反論しても「もう間に合わない」と高橋氏は言う。そんなことより、記憶遺産登録制度の非常識と不条理を訴えて、制度そのものを変えなければならない。それは外務省の役割だ。

だが外務省にはそもそもそんなことは期待できないと、前衆院議員の杉田水脈《みお》氏は強調する。杉田氏はこれまで国連などで慰安婦は強制連行ではないと訴えてきた。国連本部に集う反日的NGOの代表らにも、同様の説明をしてきた。

「私のようないわば保守系NGOの一員から見ると、外務省の動きは理解を超えています。外務省は日弁連を中心とした反日的言動を展開するNGOと、協賛でイベントを行っているのです。勿論《もちろん》その中で慰安婦も、反日的な形で取り上げられています」

安倍晋三首相は国会で、慰安婦強制連行の証拠はない、性奴隷《どれい》は実態を反映していない、20万人説には根拠がないと明言済みだ。外務省の任務は首相発言に基づいて情報発信することではないのか。NGOに共鳴して、反日的と言われても仕方のない、首相の国会発言とは異なる情報をなぜ発信するのか。外務省こそ歴史問題の元凶だとの思いを強くする。

（2016年4月28日号）

朝日慰安婦報道の背景を分析する

２０１６年４月22日、札幌は晴れていた。彼の地で、「朝日新聞」の元記者・植村隆氏が、氏の慰安婦報道を批判した私の記事が名誉毀損《きそん》に当たるとして損害賠償と謝罪記事掲載などを求め、私及び新潮社、ワック、ダイヤモンド社を訴えた民事裁判の第１回口頭弁論に出廷したのだ。札幌地裁８０５号法廷は傍聴人で満席だった。

慰安婦報道については、植村氏の記事だけを見るのでは全体像は見えない。朝日新聞の報道全体を見ることが大事である。日本はいま、旧日本軍が戦時中に朝鮮半島の女性たちを強制連行し、慰安婦という性奴隷にして、その揚げ句、約75％の女性たちを殺害したといういわれなき非難を浴びている。朝鮮半島から20万人、中国から20万人、合わせて40万人もの女性をそのような悲惨な運命に突き落としたという濡《ぬ》れ衣《ぎぬ》の情報が、主にアメリカを舞台として韓国系及び中国系団体によって流布されている。その原因を作ったのは、どう考えても朝日新聞である。

この私の姿勢に関して、札幌市内の司法記者クラブでの記者会見で、北海道新聞の女性記者が繰り返し尋ねた。産経も読売も慰安婦報道で間違ってきた。にも拘らず、なぜ朝日だけを批判するのかという問いだ。

理由は明白である。慰安婦問題歪曲《わいきょく》の原因を作ったのが朝日であるからに他ならない。慰安婦に関する国際社会の誤解や偏見を、どれだけ朝日が増幅させたかは、「朝日新聞『慰安婦報道』に対する独立検証委員会」（以下、独立検証委員会）が明らかにしたとおりであろう。

朝日は2014年8月5日、6日の特集で自社の慰安婦報道を検証し、軍命によって強制連行したと嘘をつき続けた吉田清治氏に関連する一連の記事を取り消した。ところがこの特集は反省もない恥ずべき内容だという批判が巻き起こり、朝日は「第三者委員会」に検証を依頼した。

意図的なキャンペーン

そして発表されたのが同年12月22日の報告書だった。だが、それも極めて不十分なものだった。一方、京都大学名誉教授の中西輝政《てるまさ》氏を委員長として、東京基督《キリスト》教大学教授の西岡力《つとむ》氏ら6名が独立検証委員会を発足させ、翌15年2月に報告書を発表した。

独立検証委員会の報告書は、朝日新聞が内外の慰安婦報道を主導したことを明確に示した。たとえば、朝日、毎日、読売とＮＨＫの慰安婦報道を調べた結果、１９８５年から89年までの5年間で朝日新聞の記事が全体の74％を占めていた。90年にはなんと77％を占めた。朝日は間違いなく国内の慰安婦報道を先導していた。

91年には、私を訴えた植村氏が、初めて名乗り出た慰安婦として金学順さんの記事を書いたが、その記事を含めて、朝日は１５０本の慰安婦記事を掲載している。毎日、読売も朝日を追う形で出稿を増やし、朝日の報道はこの時点で全体の60％になった。ちなみにＮＨＫもこの年、慰安婦報道に踏み切り13本のニュースを報じた。

85年から91年までの報道では、朝日の報道量は全体の63％を占める。92年が42％、93年が41％。一連の数字は朝日が他社を圧倒し続けたことを示している。

独立検証委員会は、91年に朝日が報じた１５０本の記事中、植村氏所属の大阪本社の記事が60本に上ったことに注目し、大阪本社には外報部や政治部はなかったにも拘らず、これだけ多くの慰安婦報道を行ったのは「意図的なキャンペーンだったと言っても良いだろう」と分析している。

海外メディアも朝日に大きく影響されていたことを、独立検証委員会は明らかにした。委員の1人、福井県立大学教授の島田洋一氏が米国の主要3紙（ニューヨーク・タイムズ、ワシントン・ポスト、ロサンゼルス・タイムズ）の1980〜2014年の慰安婦関連記事約520本を通読した結果、朝日が報道した、「『92年1月強制連行プロパガンダ』は、間違いなく米国紙に多大な影響を与えた」と結論づけた。「92年1月強制連行プロパガンダ」とは、同月11日の「慰安所 軍関与示す資料」という記事だ。

島田氏は、「主要3紙が慰安婦に関するまとまった記事を書くのはすべて、その直後から」であり、「米国主要3紙は朝日が『92年1月強制連行プロパガンダ』を行う以前は、慰安婦問題をほぼ無視し、取り上げていなかった」事実を示した。

こういう事実があるからこそ、朝日新聞の罪は重く、その中で植村氏も重要な役割を担《にな》ったと言うのである。それにしても朝日新聞はなぜ、このような慰安婦報道をしたのか。そのことを理解する一助となるのが、「朝日新聞記者有志」による『朝日新聞 日本型組織の崩壊』（文春新書）や、長谷川《はせがわ》熙《ひろし》氏の『崩壊 朝日新聞』（ワック）である。とりわけ長谷川氏の『崩壊〜』は深い示唆《しさ》を与えてくれる。

パブロフの犬

氏は1961年に朝日新聞社に入社、93年に定年退職、その後も雑誌『AERA』に社外筆者として書き続けた。だが、朝日の2014年8月5日、6日の特集を機に『AERA』も辞した。慰安婦報道はなぜ歪《ゆが》んだのか。そのことを突きとめるのに氏は同期入社の故松井やより氏の足跡を辿《たど》っている。

松井氏はシンガポールの朝日新聞社アジア総局員時代に、マレーシアの山奥で旧日本軍が「民衆虐殺」を行ったという告発記事を書いている。長谷川氏は91年11月、日本の対米英開戦50周年に関する取材で、松井氏の告発記事の現地、ヌグリスンビラン州を訪れた。そこで中年の華人の思いがけない訴えを聞いた。

「『シンガポールにいるという日本の朝日新聞の女性の記者が、虐殺は日本軍がやったことにしておきなさい、かまわない、と言ったんです』

そして、その女性記者の名前を『マツイ』と述べた」

長谷川氏が「おののいた」瞬間である。松井氏は00年、昭和天皇をはじめとする人々を被告として「女性国際戦犯法廷」を開催した。被告人は全員死者であり、弁護人も証人もいない。国際法廷とは到底言えない構えの中で昭和天皇を「有罪」と断じたこの企画は、「昭和天皇が木に縛り付けられて目隠しされ、そこに二挺《ちょう》の拳銃《けんじゅう》が向けられている」「韓国の元慰安婦が描いた」絵をヒントに生まれたそうだ。

松井氏らの企画、「女性国際戦犯法廷」を朝日新聞は熱心に報じた。なぜこんなでたらめな裁きを報ずるのか。長谷川氏は朝日の報道の根底に「事実を究明するのではなく、日本の旧陸海軍は『悪』という大前提でしか物事を考えず、それに当てはまるような話なら、それは即事実と思ってしまう条件反射的人間」、「パブロフの犬」が朝日には大勢いたからだと書いている。

このような朝日の元記者、植村氏との裁判は恐らく長い闘いになるだろう。私はこれを慰安婦問題を生み出した朝日の報道、朝日を生み出した日本の近現代の歪みについて、より深く告発していく機会にしようと思う。

（2016年5月5日・12日号）

【追記】

慰安婦に限らず、歴史問題に関して対日非難を展開する人々は、日本の枠をはるかに超えて中国にも南北朝鮮にも幅広い人脈、ネットワークを築き上げていることがわかってきている。この追記を書いているのは2017年3月であるが、私はこの人間のネットワークについても具体的に明らかにしていきたい。

トランプ政権誕生の真相を探る

無論、2016年11月の本選挙で民主党大統領候補との一騎討ちを制しなければならないが、共和党の指名獲得を確実にしたドナルド・トランプ氏がまた一歩、米国大統領の座に近づいた。5月中旬の現時点で、アメリカの次期大統領が誰になるかを予測するのは不可能だが、それでも、トランプ氏への高い支持の理由と、第45代大統領に就任した場合の氏の政策の分析が急がれる。

トランプ氏の主張をほぼ全《すべ》てのメディアが批判し、泡沫《ほうまつ》候補と位置づけたにも拘らず、5月3日の今日まで、氏は高い支持率を維持し続け、アメリカメディアの予測はおよそ悉《ことごと》く覆《くつがえ》された。「ウォール・ストリート・ジャーナル」（WSJ）やNBCによる合同世論調査では65％の人々がトランプ氏に拒否感を抱き、好感しているのは24％にとどまる。だが、その人物がいま、指名獲得を決定的にしたのである。

大手のメディアも政治家も指名決着は7月の党大会の場だと見てきたのが、2か月も早い5月初頭に、テッド・クルーズ上院議員、ジョン・ケーシック・オハイオ州知事が降りて、トランプ氏だけが残った。下院議長として共和党の最高位にあるポール・ライアン氏は、この速い展開を予想していなかったのか、CNNの取材に、「まだそれをする（トランプ氏の候補者指名を支持する）準備はできていない。まだそこまでいっていない」、「保守の人々が知りたがっているのは、彼が我々の価値観を共有し、我々の原則を支持するのかということだ」と強調した。

トランプ氏は直ちに反論した。

「私もライアン氏のアジェンダを受け入れる準備はできていない」

トランプ氏は元々、共和党を含めワシントンの既存政治を否定し、激しく非難することで支持を伸ばした。であればライアン氏の注文に耳を傾け、ワシントン主流派の価値観に殊更《ことさら》同調するなど期待はできまい。候補者がトランプ氏一人になり、対民主党で党の団結が大事だと強調され始めた局面でも、トランプ氏が既存勢力になびくことは考えにくい。

「アメリカ第一」

トランプ氏は声高に問い続けている。なぜ、アメリカ人の税金で日本や韓国を守らなければならないのか、なぜ北大西洋条約機構（NATO）軍の維持費（の70％）をアメリカが支払わなければならないのかと。

日本にも韓国にも、アメリカ軍の駐留費全額を支払わせるべきだと主張し、払わないのなら、米軍は撤退するのがよい、北朝鮮が核を保有するいま、日本も韓国も自国防衛のために独自の核保有を考えよと、トランプ氏は言う。

核拡散防止条約（NPT）体制の維持を建前とする国際社会の現状下では乱暴な議論である。とりわけ日本にとっては現実的ではない。なぜなら、アメリカが作った現行憲法の下では、自衛隊を真の意味での軍隊とする十分な論拠がない。自衛隊は通常の民主主義国の通常の軍隊として行動することさえ許されていない。核兵器の保有も同様だ。

しかし、トランプ氏にとってそんなことは日本の都合なのである。日本は自分で防衛せよ、これ以上、アメリカが負担するのは真っ平で、「アメリカ第一」だと、繰り返す。

「アメリカ第一」という表現は1930年代から40年代にチャールズ・リンドバーグが、アメリカはヨーロッパの戦争に巻き込まれてはならないとの立場から主導した考えを象徴した言葉である。リンドバーグは27年に一人小型機に乗り込み、初めての大西洋横断飛行を無着陸で成功させ、英雄となった。

「アメリカ第一」は、今に始まったのではなく、アメリカ社会の基調として存在してきたし、今も存在している考え方である。

そうした中で、もし氏が大統領に就任すれば、「まともな」ブレーンが周囲に集まり、自《おの》ずと軌道修正が図られるとの見方がある。本当にそうだろうか。政権交代の持つ意味は日本とアメリカでは大きく異なる。日本では実際の政策立案には霞《かすみ》が関《せき》の官僚が決定的影響を及ぼす。彼らは政権が代わっても各々《おのおの》の役所に居続ける。良くも悪《あ》しくも日本政治の継続性は守られる。無論、問題はある。安倍政権の、たとえば慰安婦問題に関する外交政策に見られるように、政治指導者の唱える政策や理念を官僚が無視したり否定したりする場合がある。日本では政権交代が起きても政治は中々変わらないのである。

他方、アメリカでは政権が代わると各省の役人が大幅に交代する。ホワイトハウスの回転ドアから出ていく人、入ってくる人は6000人に及ぶといわれる。既存の政治と決別する構えを見せるトランプ氏の下に、同じ方向性を持ったブレーンたらんとする人々が結集し、トランプ氏の考え方に沿って、アメリカの政治が変わると考えなければならない。

価値観よりも実利

ちなみに氏は中国産品に45％の関税をかけると主張している。それが実施された場合、どうなるか。予測可能な前例が、実はあるのだ。２００９年、アメリカは中国製タイヤに最大35％の関税を上乗せし、中国はアメリカ産鶏肉の輸入に関税をかけて報復した。結局、米国でのタイヤ生産は増えず、中国産タイヤのかわりにインドネシア、メキシコ、タイからの輸入が急増したと、16年5月4日、ＷＳＪ紙が報じていた。

現在、アメリカの対中輸出は１１６０億ドル（1ドル１１０円換算で約12兆８０００億円）、対して中国からの輸入は４８３０億ドル（約53兆円）で、アメリカの大幅な貿易赤字だ。

ビジネスマンのトランプ氏はこの赤字を大幅に減らす仕組みや妥協を中国から勝ち取ることができれば、対中姿勢を一変させる可能性がある。価値観を横に置いて、実利を軸に米中が手を結ぶことも大いにあり得る。

アシュトン・カーター国防長官は5月3日、ドイツのシュツットガルトで「モスクワは時代に逆行している」として、「ロシアが核兵器の使用さえ示唆する表現を用いることは現行秩序への挑戦である」と不快感を表明した。

そのロシアのプーチン大統領とも、トランプ氏は関係改善の意欲を示している。国際法の遵守《じゅんしゅ》や平和的話し合いによる問題解決を重視してきた国際社会の在り方が根本から変わる可能性さえ見てとれる。

そのような兆候を見せるトランプ氏を、一定のアメリカ世論が支持している事実にこそ私たちは注目しなければならない。トランプ氏が、ジョン・F・ケネディ大統領の暗殺犯とされるリー・ハーベイ・オズワルドとクルーズ氏の父親が「一緒にいた」「恐ろしい」などと語ってクルーズ陣営を非難したとき、クルーズ氏はこれを真っ向から否定した。事実、クルーズ氏の父親とオズワルドとの関係については全く証明されていない。にも拘らず、共和党支持者たちの42％が最も不公正なキャンペーンをしたのはクルーズ氏だと答えたのである。トランプ氏の方が不公正だと答えたのは38％にとどまった。

なぜこうなるのか。私にはよくわからない。また現時点で、アメリカの未来展望は容易に読めない。だからこそ、日本は防衛力を強化し、価値観重視の外交の主役として国際社会に強いメッセージを発する絶好の時だ。

（2016年5月19日号）

【追記】

2016年5月4日の「ウォール・ストリート・ジャーナル」紙は、より多くのアメリカの有権者が、不公正なのはクルーズ氏だと回答した件の背景を説明していた。

有権者が注目したのはクルーズ氏が、もう一人の大統領候補でオハイオ州知事のジョン・ケーシック氏と相互に助け合うという合意をしたことだという。特に、インディアナ州でクルーズ氏がトランプ氏をおさえて確実に勝てるように、ケーシック氏は自分のキャンペーンを程々に抑制する、その見返りにクルーズ氏は他の州でケーシック氏がトランプ氏に勝てる見込みのある場合は自分のキャンペーンを程々にするという相互援助の合意をしたことを「不公正だ」と受け止めたのだという。

ちなみにインディアナ州を制したのは、トランプ氏だった。またインディアナ州知事を務めていたマイク・ペンス氏は、16年7月15日に、トランプ氏によって副大統領候補に指名され、両氏は今、アメリカの正副大統領となっている。

宇宙空間にまで及ぶ中国の「強軍目標」とは

2016年5月13日、米国防総省が「中国の軍事動向」に関する年次報告書を発表した。報告書は、中国は共産党創設100周年の2021年までに「適度に豊かな社会」を目指し、中華人民共和国創立100周年の49年までに「近代的社会主義国となり、繁栄する強国、民主主義的、文化的で高度に進んだ和を基調とする国を作る」ことを目指していると報告した。

しかし、習近平政権は毛沢東時代に逆戻りしたかのような凄《すさ》まじい言論弾圧を行っている。前政権の政治犯・思想犯は10年間で66人だったが、習政権は発足以来3年余りですでに600人も拘束、拷問《ごうもん》している。和を基調とする国作りは完全に絵空事である。

年次報告はまた中国の海軍力増強に関して強い警戒感も示した。中国はソ連崩壊後、2度にわたって軍改革を断行した。江沢民政権は1993年、湾岸戦争でアメリカのハイテク兵器を駆使した戦い振りに驚嘆して、ハイテク化に乗り出した。

胡錦濤《こきんとう》政権は2004年に、通信手段を高度化し全軍が情報を共有して効率的な展開を可能にする情報化戦争に向けた改革に踏み切った。

16年2月の大規模な機構改革によって中国人民解放軍（PLA）は新しい段階に入った。それによって中国共産党のPLAに対する掌握力が強まり、中国大陸から離れた遠方地域での短期集中型戦争に勝利する統合運用能力は高まると見られる。

米国防総省の報告からわが国に関する記述を拾えば、中国は尖閣諸島問題で対日摩擦を引き起こすとしても、アメリカを決定的に怒らせないレベルにとどめつつ、自国の利益を拡大していく戦術だとの分析がある。領土欲を満たすために、中国は厳しい緊張の中で米国を刺激しすぎることなく、かといって諦《あきら》めることもなく、戦いを続けているというのだ。

「戦えば必ず勝つ軍隊」

中国の深謀遠慮についてのアメリカの分析は、中国にはアメリカと同じような軍隊を創《つく》るつもりはないというものだ。アメリカ海軍大学教授のトシ・ヨシハラ氏とジェイムズ・R・ホームズ氏の共著『太平洋の赤い星　中国の台頭と海洋覇権への野望』

（山形浩生訳、バジリコ）の指摘が興味深い。中国人は制海権を手にするために、大日本帝国海軍を研究しているというのだ。その心は、小であっても大を制し得るということだ。

習主席は、ＰＬＡは「戦えば必ず勝つ軍隊」でなければならないと檄《げき》を飛ばす。勝つためには軍艦をはじめとする装備が重要だが、勝利するか否《いな》かに決定的な意味を持つのは軍人の質である。

ＰＬＡの力量については、中越国境紛争以来30年以上も大規模な戦争を戦っていないこと、中国海軍に至っては一度も実戦経験がないことなどが注目され、彼らの実力は低く評価されがちである。ならば日本の足跡はどう説明できるのかとヨシハラ氏は問うている。

明治維新まで日本には海軍さえなかった。それが明治27年（１８９４）には、物量で劣っていたにも拘らず、清朝の艦隊に圧勝した。10年後の日露戦争では、さらに大規模な海軍を有していたロシアにも勝利した。

その歴史をいま中国人が振り返り学ぼうとしている。習主席の唱える「中国の夢」は史上最大規模を誇る清朝時代の版図を取り戻すことだ。そのために清朝を打ち破った大日本帝国海軍の強さを学びとろうとする中国人を軽く見ることは、日本にとってもアメリカにとっても墓穴を掘ることだ。

軍事的強さの研究だけでなく、彼らは国際社会の行方を先取りしようとしている。中国は2015年11月3日に「強軍目標」を発表し、「軍事闘争準備や新型作戦力建設を強化し、国防・軍隊改革を加速させる」「海洋権益を守り、海洋強国を構築する」「深海、極地、宇宙、サイバーなど新領域の国際ルール制定に積極的に関与する」と明らかにした。

国境が未確定の海や宇宙空間において中国に有利な条件を確定することが、近未来の中国の力を高めると、彼らは理解し、行動しているのである。中国政府の意図に詳しい拓殖大学教授の富坂聰《とみさかさとし》氏が語る。

「中国は一旦《いったん》掲げた旗は絶対に降ろさないでしょう。台湾も南シナ海も東シナ海も尖閣も諦めないと思います」

中国の要求は、中国の主張を国際社会が丸ごと受け入れることである。南シナ海問題を国際問題にしてはならないと彼らは言うが、真意は、彼らが核心的利益と定めたものは、そのまま受け入れよ、ということだ。

日本をはじめとする自由諸国にとって、それは受け入れ難い帝国主義的要求である。それでも中国は主張を押し通すために死力を尽くす。ASEAN諸国を南シナ海沿岸国とカンボジア、ミャンマー、タイなどの非沿岸国に分断して非沿岸国組を中国の味方に引き入れようとしている。フィリピンのアキノ大統領が中国の行動をオランダ、ハーグの常設仲裁裁判所に提訴したが、中国は国際裁判自体を認めないと粗野な宣言をした。

国際法無視の蛮行を押し通そうとする不条理の前で、しかし、国際社会の中国包囲網とでも呼ぶべき体制を崩しかねない不確定要素が生じてきた。中国ともうまくやれるかもしれないと言うアメリカのドナルド・トランプ氏や、祖父は中国人だった、中国と相互利益のために協力するなどと述べるフィリピンの次期大統領、ロドリゴ・ドゥテルテ氏らの存在である。

中国の脅威は日本にとりわけ厳しく向かってくる可能性がある。だが、日本は殆《ほとん》ど対応できないのではないかと思わせられる驚くべき世論調査があった。

米軍に守ってもらえばよい

「AERA」(16年5月16日号)が11都府県の700人に行った対面調査結果である。「自衛のためなら戦争を認めるか」「自衛のためでも認めないか」との問いに、女性はどの世代も全て、認めないと回答した人たちが、「認める」と回答した人たちより多かった。

そのように答えた人たちに「ＡＥＲＡ」はもうひとつ、質問した。「では、他国や武装組織の日本攻撃にはどうすべきか」と。彼女たちは、①「日本には攻めてこないと思う」、②「外交の力で攻撃されないようにすればよい」、③「日本は戦争しないで米軍に戦ってもらえばいい」などと答えたのだ。

この人たちは、中国が日本を念頭に軍事的脅威を高めているとの米国防総省の分析や、南シナ海における中国の蛮行に目をつぶるのだろうか。アメリカ人の税金で日本を守るのは真っ平だと主張するトランプ氏と、氏を支える幾千万人の米国人に向かって「日本は米軍に守ってもらえばよい」と本気で言えるのだろうか。

「日本には攻めてこない」などと言う人は諸国民の公正と信義に縋《すが》るという憲法前文の精神に染まっているのであろう。いまどきこんな考えにどっぷり浸っていれば、トランプ氏やドゥテルテ氏同様、中国には歓迎されるであろうが、その先に待っている運命は中国に従属することによってしか生き残ることのできない過酷なものであろうに、そのことには気づかないのである。この思考停止の女性たちに、子供や孫の未来世代のために、早く目醒《めざ》めよと、私は強く呼びかけたい。

（２０１６年５月26日号）

【追記】

大統領選挙におけるトランプ氏の中国に関する発言は、「為替操作国だ」「不公正だ」「中国からの輸入品には45％の関税をかける」などという激しい非難ばかりであるかのような印象が強い。しかし、２０１６年5月、テッド・クルーズ上院議員を破り、共和党の大統領候補者としての指名が事実上確定した時点では、「中国、ロシアとの関係を改善できる」と語っている。外交でも安全保障でも、実利を基に交渉するのがトランプ氏の手法である。信念がないかのような氏の政策は、利害関係が変わればいつでも変わり得ることを忘れてはならない。

中国の暴走を抑止する日本の戦略

いよいよ先進7カ国首脳会議が始まる。6度目の日本開催となる伊勢志摩サミットを歴史の検証に耐えるものとしなければならない。国際情勢が激変する真っ只中《まただなか》で、主要国は問題の複雑さにもがきながらも未来の地球社会の基本方針を決定し、日本はその中で重要な役割を担わなければならない。

日本の役割は、中国の暴走を抑止するのに十分な経済力と軍事力の枠組み確立の先頭に立つことである。アメリカの内向き志向を念頭に、日本がそのような提案をする資格を身につけるために、日本自身が真の変革への姿勢を見せていきたい局面である。

国家の生き残りのために世界各国は真剣に努力している。その一例にサウジアラビアの「革命一歩手前」の改革がある。

世界最大の産油国、サウジアラビアは3000万の人口を抱え、歳入の実に8割を石油収入に頼ってきた。豊富な原油は神の恵みとして、医療も福祉も教育も国民に無料で提供し、税も課さずにきた。だが2015年1月に第7代国王が就任し、4月に子息のムハンマド・ビン・サルマン氏が副皇太子に就任して以来、様相が一変した。

ＭＢＳの通称で呼ばれる副皇太子は若き30歳、父親である国王の下、国家のみならず国民の在り方をも変えるべく大胆な夢に挑んでいる。「油価が1バレル30ドルでも70ドルでも構わない。油価は私の闘いではない」と言ってのける。

彼はサウジアラビアを石油中毒体質から引き剝《は》がし、国営石油会社サウジアラムコを含む経済全体の民営化をはかり、国家に依存する生き方ではなく国民に自立を促し、初めて国民に税を課すことを考えている。宗教はより穏健なイスラム教を目指し、現在は映画の上映さえも禁じられている国で公共の娯楽を認めようという。

中東政策の失敗

現体制の最大の受益者である7000人の王族やイスラム教指導者たちの反発は侮《あなど》れない。サウジアラビアはイスラム教徒の9割を占めるスンニ派の盟主であり、イスラム教純化路線で知られるワッハーブ派の本拠地であり、ＩＳなどの思想的源流はサウジアラビアにあると言われている。そうした国内事情の下での改革には、多くの困難が待ち受けている。それでも大胆な改革に踏み切るのは世界情勢が激変しているからだ。

アメリカの豊富なシェールオイル産出で油価は下落し続け、IMFの予測では20 20年にはサウジアラビアの外貨準備は底をつく。また、国民の生活水準が向上したことで、サウジ産出の原油は38年には全て国内で消費されてしまう。パラダイスは続かないのである。世界最大の産油国サウジが原発16基の建設計画を進める理由がここにある。

一連の改革で、サウジアラビアは対外政策においても大きな変化を辿《たど》りつつある。アメリカの盟友でありながらロシアに接近しているのだ。アメリカの中東政策への不満が強いのである。とりわけアメリカとイランが15年7月に核合意に達したことが大きな理由だ。サウジの最大の国家目標はイラン打倒であるにも拘らず、核合意は10年後、イランに核開発の道を開く危険性を孕《はら》んでいる。

オバマ大統領の中東政策は失敗の連続だった。オバマ大統領は自身の公約通り、11年末までにイラクからの撤兵を実現したものの、その後のISなどの台頭で、14年6月以降、五月雨《さみだれ》式に軍事力を投入せざるを得なくなっている。結局、16年4月18日時点で4087人の軍人が派遣されている。

IS問題解決の展望もないまま、オバマ大統領は退任する。アメリカの中東戦略は事実上、手詰まりなのである。

　オバマ大統領は16年5月23日、伊勢志摩サミットに先駆けてベトナムを訪れ、同国への武器輸出の全面的解禁に踏み切った。ベトナム戦争終結から20年すぎた１９９５年の国交正常化、それからさらに21年後のいま、オバマ大統領は自身がこだわってきたはずの人権問題を棚上げする形でベトナムへの武器輸出を完全に解禁した。アメリカ単独でアジアの秩序を維持しようというのではなく、各々の国が相応の努力をせよという姿勢である。ベトナムへの武器輸出の完全解禁は中国を念頭においたものだ。

　南シナ海における中国の勢力拡張は一向に止《や》まず、ベトナムと中国の力の差は余りに大きい。１０００年もの長きにわたり中国の支配を受けてきたベトナムの中国への心理的な恐れは想像以上に深く、その分、反発も凄まじい。かつての天敵アメリカへの接近は、中国への恐れ及び反発と、表裏一体である。

　中国の支配下に組み入れられないために如何《いか》に自力をつけるか、その戦略作りにベトナムは心を砕き続けている。環太平洋戦略的経済連携協定（ＴＰＰ）の創始国のひとつが彼らである。ＴＰＰはベトナムの一党独裁体制、国有企業、権益構造などを切り崩し、政権中枢《ちゅうすう》の人々の個人的利益をも切り崩していく。それを十分承知で、中国に圧《お》し潰《つぶ》されないためにベトナムは変わろうとしているのである。

核戦略を転換

　こうした中、中国の強硬策は激しさを増す。中国共産党が国民の政治的発言に神経をとがらせ、言論の自由を厳しく規制していることは周知の事実だが、言論統制はいまや経済分野にも及ぶ。習近平主席は2016年はじめ、新華社、人民日報、中国中央テレビを訪れ、「中国関連でよいニュースを伝えるように」と指示した。このあからさまな介入に先立って、経済界への介入は実は15年秋頃から始まっていた。中国の経済展望や中・長期計画を否定したり、疑問を呈示することは許されなくなりつつあるのだ。中国の経済統計が信用できないことは余りにも広く認識されている事実だが、これからは中国の経済学者やアナリストの分析や展望さえも全く信用できなくなりかねないということだ。

　国内においてなりふり構わず共産党の権威と求心力を高め、外に対しては軍事力を最大限に活用するのが習政権である。

　13年に2年ぶりに発表した国防白書で、中国は前回11年の白書にあった「核の先制不使用」の記述を削除した。中国が事実上、核戦略を転換したと見られる軍事活動もあった。15年11月から12月にかけて、中国人民解放軍海軍の晋級弾道ミサイル搭載原子力潜水艦（ＳＳＢＮ）が初の戦略哨《しょう》戒《かい》任務を遂行したのである。

中国は１９６４年以来、「核の先制不使用」を唱えてきた。その証《あかし》として、核弾頭とミサイルを別々に保管する体制を作ってきた。しかし前述の16年末のＳＳＢＮの戦略哨戒任務ではミサイルに核弾頭が装塡《そうてん》されていたとされる。専門家らはこれを中国の核先制使用を示唆するものだと見ているのである。

世界各地で大きな変化が起きている。だからこそ、伊勢志摩サミットで日本の姿勢が問われるのである。激変する状況の中で国々はそれぞれにもがき、変わろうとしている。生き残るために、その国がその国であり続けるために変わろうとしているのだ。日本も憲法を含めて変わる努力をしなければならない。

（２０１６年６月２日号）

【追記】

サウジアラビアのサルマン国王は、２０１７年３月12日に、サウジアラビア国王として実に46年ぶりに来日した。１０００人規模の随行団を従えての大名行列のような来日の様子が話題となった。国王のご様子は、こう言ってはなんだが、あの頭の装身具を外してみれば気の好《い》い村の先生とでもいうべき佇《たたず》まいに思えた。

しかし、この人物がいま、サウジアラビアの大改革を、子息の副皇太子と共に成し遂げようとしている。サウジの人口増加は凄まじく、1973年に700万人だったのが2014年には4倍強の3000万人を超えた。人口の半分近くが25歳未満で、その約3分の1が失業中である。産業を育て、若者に働く場所を提供しなければ、社会不安の原因となり、国家財政にも重い負担になり、ひいてはテロの温床となる。2030年を目途に、日本との経済協力を、技術移転及び人材育成を軸に進めることになった。

日本とサウジの外交は、長年、緊密とは言えない状態が続いてきたが、07年、第1次安倍政権のときに転機が訪れた。安倍首相はサウジを含めた中東諸国を歴訪し、「国づくり、人づくりへの協力」を打ち出した。

サルマン国王は日本訪問の後、中国を訪れ、「全面的戦略パートナーシップ」を充実させると合意した。中国の一帯一路構想の中にサウジが組み入れられているなど、中国が中東に積極攻勢をかけてきたのが伝わってくる。アメリカとの距離が少し遠くなった分、サウジはその空白を埋めるべく、多国間外交を展開中なのである。

国を守る認識と覚悟を持つ時が来た

2016年11月のアメリカ大統領選挙に関する極めて注目すべき世論調査が発表された。ドナルド・トランプ氏対ヒラリー・クリントン氏の一騎打ちになった場合、支持率は45%対42%でトランプ氏が勝利し、両氏に加え、第3の政党「リバタリアン党」のゲーリー・ジョンソン元ニューメキシコ州知事が参戦する場合も、3氏の支持率は各々42%、39%、10%で、これまたトランプ氏が勝利するという内容だ。これはアメリカでは少数派に属する保守的メディア、FOXテレビの世論調査の結果で、5月18日に発表された。

FOXテレビの世論調査は、CNNや「ニューヨーク・タイムズ」紙など、アメリカのリベラルなメディアの報道を見続けている人たちにとっては俄《にわ》かには信じ難いであろう。アメリカのリベラルなメディアは常に、クリントン氏をより良いイメージで描き、世論の支持も彼女に傾いているとの印象を作り出す。しかし、保守的なFOX

テレビで正反対の調査結果が出たことを、そのまま受けとめなければアメリカという国を見誤りかねない。

トランプ氏がアメリカの大統領となるとき、世界はどんな展開を見せるのだろうか。「アメリカを再び偉大な国にする」「アメリカを再び繁栄する国にする」などの抽象的な言葉しか語らないと批判されてきたトランプ氏は、約ひと月前の4月27日、大統領になった場合を想定して「外交政策」を発表した。

これまで、トランプ氏の発言はその場その場の即席でなされ、従って内容も曖昧《あいまい》で矛盾が目立つ。そのようないわば思いつきのような発言だけを見ていると結局、トランプ氏の下のアメリカがどんな外交政策に落ち着くのか、氏の語る政策目標はどのように具現化していくのか、よく見えないのである。しかし、今回の外交演説は初めて、氏が原稿をしっかり読む形で発表された。原稿は外交に詳しい専門家が起案したものである。その意味では現時点ではトランプ政権の外交を語る唯一《ゆいいつ》のしっかりした資料ということになる。

だがチャールズ・クラウトハマー氏はそれを「ガラクタ（jumble）」だと切って捨てた。氏はピューリッツァー賞を受賞した政治評論家である。

トランプ氏は外交政策の冒頭で、「アメリカ第一」を唱えているが、考えるまでもなく如何なる国においても、政治、外交、安全保障はすべて国益のためにある。歴代のアメリカ大統領も皆、国益を優先してきたはずであり、アメリカ第一は当然である。クラウトハマー氏はその意味でトランプ氏が「アメリカ第一」を強調するのは無意味だと言いつつ、アメリカは本来、外交に殆ど興味を抱かないできた国だと指摘する。

アメリカを地政学的に見れば外交に強い関心を抱く必要がないのである。かつてビスマルクが指摘したのは、アメリカは南北を（メキシコとカナダの）二つの弱い国に、東西を魚の泳ぐ海に囲まれたとても恵まれた国だという点だ。それ故《ゆえ》に外交に興味を抱かずとも、或《あ》るいは同盟国など持たずに孤立したとしても、何ら不具合はないのだ。

アメリカに帰ろう

しかし、歴史が示しているのは孤立は必ずしもアメリカの安全につながらないという重要な事実である。とりわけ、核ミサイルや国際テロの時代となった今日、孤立は安全を保障する具体策ではあり得ない。それでも孤立主義と背中合わせのアメリカ第一主義はアメリカ社会の根底に存在し、時代と状況に刺激されて表面化する。１９４０年のアメリカ第一主義委員会の設立もそうだった。しかしこれは41年12月、日本が真珠湾を攻撃したすぐ後に解散した。

いまトランプ氏が過激で野卑な言葉で語るアメリカ第一主義は、表現は全く異なるが、オバマ氏が説く外交、安全保障政策と本質的に同じなのである。

クラウトハマー氏は、オバマ大統領が2009年12月にアメリカ陸軍士官学校、いわゆるウエスト・ポイントで、「私が最も関心を抱いているのはわが国の建設である」と語ったことを指摘する。オバマ大統領はトランプ氏同様、アメリカは世界に手を広げすぎ、対外投資をしすぎたという考えに駆り立てられているとの分析である。

トランプ氏の発表した外交政策が、クラウトハマー氏の言うように「ガラクタ」であっても、トランプ氏の唱えるアメリカ第一主義は40年代にアメリカ社会の表面に浮上し、90年代には共和党候補として大統領選に挑戦したパット・ブキャナン氏が標榜《ひょうぼう》し、或いは、現在共和党上院議員を務めるリバタリアン（自由至上主義者）のランド・ポール氏らの考えにもつながる。

ブキャナン氏が2011年夏に出版した著書『超大国の自殺』（河内隆弥訳、幻冬舎）を読めば、この書の中の主張からトランプ氏が多くを借りているのが見えてくる。

ブキャナン氏は盛んに「国家主義の復活」や「民族国家主義の高まり」を強調し、それが「ポスト・ポスト冷戦時代」の特徴だと主張する。アメリカはグローバリズムを超えて、20年前に祖国と自国の国民を第一に考える作業を始めるべきだったというのだ。

氏はまた、幾度となく繰り返している。外の問題から手を引こう、いますぐに。アメリカに帰ろう、いますぐに、と。

インドシナとアルジェリアでの戦争によって「フランス帝国」の威信が低下したように、イラクとアフガニスタンでの戦争がアメリカの威信を低下させたとして、対外関与も同盟関係も、以下のように見直すべきだと書いている。

まず、冷戦時の敵であったロシアに関して、ブキャナン氏は、レーガン大統領は旧ソ連が崩壊しようとする場面で彼らをアメリカの「戦略的パートナーならびに同盟国」として取り込むべきだったと振り返り、「そこには合衆国の2倍の大きさを持つ大国、もはやたがいに争いのない、友情に手を伸ばしてくる国があった」と悔いている。

「自分自身で守れ」

ロシアが影響力を保ちたい、つまり支配下に置きたいと考えているバルト3国やウクライナ、グルジア（ジョージア）などの命運に、アメリカは無関心ではないが、ロシアとの戦争のリスクを負ってまで守る国々ではないとブキャナン氏は強調する。その一方で、ロシアはコーカサスと極東で近未来に中国に領土を奪われてしまうのもほぼ確実だが、このような問題はアメリカにとって全く無関係だと切り捨てている。

トランプ氏の主張はここまで明確ではない。しかしロシアと敵対せず、緊張を緩和して平和的関係を築くのがよいという主張の大枠はブキャナン氏のそれと同じである。

ＮＡＴＯについては、冷戦が終わったのであるからＮＡＴＯとヨーロッパの米軍基地は全て欧州人に返上してアメリカに帰ろうと、ブキャナン氏は提唱し、トランプ氏はＮＡＴＯ諸国が応分の負担もせずに安全保障でアメリカに頼っていることを強く批判する。

ブキャナン氏は、日本と韓国には「自分自身で守れ」と要求する。米軍は朝鮮半島から完全撤退すべきであり、日本も同じだとしたうえで、「われわれが防衛している自由主義国家が、自ら核抑止力を開発できる能力があるのに、なぜアメリカが核戦争のリスクを背負い続けなければならないのか」と問う。トランプ氏も全く同じである。

このような主張のトランプ氏が大統領となる可能性、ＥＵ諸国がそれぞれの国内で極右勢力の台頭に直面している現実を見ると、いま世界に出現しているのは、グローバリズムの対極にあるナショナリズムだと明言できるのではないか。こうした中で、各国は自らの力で自らを守らなければならなくなる。日本にその認識と覚悟はあるか。そのことをいま厳しく問わなければならない。

（２０１６年６月９日号）

中国が展開する騙《だま》しの常套《じょうとう》手段を見破れ

2016年6月6日、北京で米中戦略・経済対話が開かれた。両国の主要閣僚が勢《せい》揃《ぞろ》いして、およそあらゆる問題を話し合うこの会議は09年以降定例化したものだ。開幕式の演説で習近平国家主席が強調したのは、中国の大国意識を表わす「新型大国関係」だった。

米中が互いの「核心的利益」を認め合い、干渉し合わないことで衝突を避け「ウィンウィンの関係」を築こうというもので、中国側はここ数年の米中対話で必ずこの原則を持ち出してきた。習氏は今回も同じ主張を繰り返した。

「敏感な問題を適切に管理し、実務的、建設的に対立を乗りこえるべきだ」

南シナ海に限らず、問題を起こすのは常に中国だ。自らの狙《ねら》いを定め、時間稼ぎをしながら目的を達成しようとする。中国は自身の目標は決して取り下げないが、中国が主張することで摩擦や問題が生じるとき、そのことに対してアメリカは「建設的」

に向き合ってほしいと要求しているのだ。アメリカは中国の野望を頭から否定するのでなく、「適切に」「実務的に」話し合おうと言っている。実に身勝手な主張である。

だが、これが中国の常套手段である。日本は尖閣問題で傍若無人の手法による目眩《めくら》ましを食らった。1978年、来日した鄧小平は尖閣問題を現役世代の自分たちが解決できないのであれば、後の世代の平和的な話し合いに任せればよい、と提案した。さらに鄧小平は記者会見では、尖閣問題は日中両国で棚上げに合意したと発言した。

日本側は尖閣諸島に領有権問題があるとは認めない立場から、棚上げに合意した事実は全くなかったが、中国に配慮したのか、遠慮したのか、その場で反論することもなく、巨額のODA（政府開発援助）を中国に与え始めた。

するとその後、中国は、尖閣問題の棚上げは領有権がどちらにあるかについて、日中両政府は即決できない状況にあり、中国領だという中国の主張を日本は明確に否定する根拠を持っていないとの立場をとり続ける。中国がいきなり新しい国内法をつくり、尖閣諸島も東シナ海も中国が領有すると宣言したのはそれからわずか14年後だった。

今回、習主席がアメリカに向けて行った発言は往時の鄧小平発言と重なる。彼らが決して尖閣諸島を諦めないように、南シナ海も諦めることはないということだ。

中国の孤立

北京で米中戦略対話が行われる直前まで、両国はシンガポールで開催されたアジア安全保障会議で火花を散らしていた。6月3日から5日まで続いた同会議には約30の国々の国防大臣や専門家が集った。中国の譲歩が考えにくい中、最大の焦点は、南シナ海における中国の侵略的行動をアメリカがどこまで抑止できるか、だった。

米国防長官のアシュトン・カーター氏は4日の基調講演で南シナ海の航行や飛行の自由の重要性を強調し、国際法に基づいた領土主権の原則を、各国が守り続けることを要請した。氏は「原則」という言葉を36回も繰り返し、南シナ海の軍事拠点化を進める中国の行動を「孤立を深める万里の長城」だと批判した。

カーター氏は、西太平洋及びインド洋の安全と秩序の維持は、2国間、3国間の協力でなされるとして、日米韓、日米豪、日米印の軍事協力について具体的に語り、さらに米国がベトナム、フィリピン、シンガポールとの2国間協力に積極的に取り組んでいることを詳細に説明した。タイもインドネシアもラオスさえもアメリカに協力していると語り、中国の孤立を浮き彫りにした。

南シナ海での中国の侵略的行為に関して、フィリピンがオランダ・ハーグの常設仲裁裁判所に提訴した件で、カーター氏は近々示される判断を中国が受け入れ、「当該地域諸国と共に、外交機能を強化し、緊張を鎮《しず》め、原則重視の将来を築く機会とすべきだ」と説いた。

カーター演説への中国側の反応は驚く程感情的だった。中国代表団を率いる人民解放軍副参謀長の孫建国《そんけんこく》氏は演説直後に会場を後にし、洗練とは程遠い太い地声でメディアに語った。

「中国は孤立などしていない。カーター長官の発言は間違っている」

翌日演説した孫氏は「我々は問題を起こさないが、問題を恐れることもない」と予想通りの強硬発言を繰り返した。

「中国は結果責任を負わない。主権と安全保障に関する侵害も許さない。南シナ海における無責任な国々の行動についても無関心ではあり得ない」と、穏やかならざる発言だった。

アジア安全保障会議での中国の発言を振りかえると、ここ3年程顕著に強硬さを増しているのが特徴だ。14年の同会議では安倍晋三首相が基調講演を行い、国際社会の公共財としての開かれた海、航行の自由、問題の平和的解決と国際法の遵守《じゅんしゅ》を説いた。

歴代の日本の首相が国際会議で注目を集めることなど余りなかったが、このときは違った。安倍首相が語ったのは正論であり、日本の首相が示した存在感に、会場に詰めかけた専門家らが総立ちで拍手する場面が続いた。

だが、日本の名誉は、常に、中国の怒りを誘う。中国代表は用意した演説メモを横に置いて安倍首相を口汚く批判した。南シナ海は２０００年前から中国領だと豪語した。２０００年と言った時、会場に失笑が広がった。

なぜこの時、中国側は怒りの感情に搦《から》めとられたのか。

危機に対応できる国

14年当時、彼らは南シナ海の埋め立てを急ピッチで進めていた。13年9月10日にオバマ大統領が「アメリカは世界の警察ではない」と二度繰り返す演説を行った。中東のシリアに軍事介入しないとする演説だった。中国は、ならばアメリカは中国牽制《けんせい》の軍事行動も起こさないと見て、オバマ政権の間に島を取り尽そうと埋め立てを加速させたのである。孫副参謀長の強硬発言はそうした後ろめたさを隠すためだったと考えられる。

さて、その翌年の15年にはシンガポールのリー・シェンロン首相が基調講演を行った。南シナ海問題の解決は（アメリカや日本などの関与を許さずに）当事国の話し合いで解決すべきだと、中国の主張に沿う形で訴えた。中国の圧力があったと考えて間違いないだろう。

そして16年の強硬発言である。孫氏は演説で、フィリピンの提訴及び仲裁裁判所の判断は「受け入れない。従わない。中国の南シナ海政策は不変である」とこれまでの主張を繰り返した。

中国共産党機関紙の海外版「環球時報」は、孫氏の発言を、南シナ海に関する挑発への中国の明確な回答であるとして、高く評価した。アメリカや日本による挑発に対して、中国は経済的にも軍事的にも防衛する力があり、その準備も整っていると自信を示した。

中国の強硬発言に対して、中谷元防衛大臣は、中国が国連海洋法に基づく仲裁裁判所の判断を受け入れない場合、「日本も声を上げなければならない」と語った。ベトナムの国防次官、グエン・チー・ビン氏は中国の姿勢は「戦争に発展しかねない」と警告した。

シンガポールの会議は険悪な空気に満ちていた。国際社会は大方の国々が中国に批判的だったのである。そうした雰囲気の中で、習主席は米中対話に臨み「敏感な問題の適切な管理」と、その間の「実務的、建設的な対立解消」を提案したのである。問題はオバマ政権があと半年で終わり、次期大統領が誰になるか、アメリカの外交、安全保障政策が読みにくい中、時間はアメリカやアジア諸国の味方ではないかもしれないことだ。

アメリカには日本もNATO諸国も十分な防衛努力をしていないとの不満がある。そうした不満がアメリカをさらに内向き志向に追いやる危険性もある。その時、日本もアジアもどのように中国の脅威に立ち向かうのか。アメリカがその気になってくれない限り、日本をはじめとするアジアの国々は中国の脅威に立ち向かえないと言ってもよい。

そこで問われるのは、日本が危機に対応できる国になるか否か、なるという決意を持てるか否かである。それによって日米関係が決まり、その先に日中関係が形成される。

中国の膨張とアメリカの展開の不透明さの中で最も重要なことは、私たちが日本をどのような国にしたいのかを明確にし、自国の責任において国民と国土を守れる国になれるよう、国防の根幹を見直すことだ。

（2016年6月16日号）

【追記】

念のため記すが、日本政府は、尖閣諸島問題の棚上げに同意したことは全くないことを２０１０年に明らかにしている。これは自民党の河井克行衆議院議員（17年現在、内閣総理大臣補佐官）の質問主意書への回答である。

トランプよりも「自国第一主義の日本」でいいのか

2016年6月12日、イスラム国（IS）への忠誠を誓う犯人がアメリカでまたもや殺戮《さつりく》を行った。無残なテロ事件は15年12月に続くものだ。今回、死者は49人。痛ましい結果となった。

フロリダ州オーランドでの今回の銃乱射事件の犯人はアメリカで生まれ育った中東移民2世だった。オバマ大統領は、犯人がISの発信に操られて米欧諸国を襲っているとの主張は「醜い嘘《うそ》」だとして、事件の背景勢力を「イスラム教過激派」ではなく「暴力的過激主義」と呼んだ。

オバマ大統領は15年11月13日、ISは封じ込めたと語っている。その直後にパリで大規模テロが発生した。「ウォール・ストリート・ジャーナル」紙は11月15日、「目をさましなさい、大統領閣下」という社説で大統領の認識の甘さを批判した。

この一件に見られるようにオバマ大統領は今回の事件でもテロ攻撃の側面に目をつ

ぶった。大統領は、同性愛者への憎しみが生んだ事件と位置づけたいのではないか。事件が同性愛者が集うことで知られるナイトクラブで発生したために、オバマ大統領はそのような社会の少数派の人々に対する偏見や憎しみが事件を生んだと信じようとし、テロという要素を切り捨てようとしているのではないか、との推測が広く報じられた。オバマ大統領の姿勢は、人々の生き方、愛し方、共有の仕方、信仰心を含めて人生を形づくるあらゆる価値観の多様性を受容するか否かと、問うているかのようだ。

その視点も確かに必要だが、ＩＳとの関連に触れないのでは事件の本質に迫ることはできない。

アメリカで生まれ育ったイスラム教徒が、如何なる理由か、テロに走る。その脅威から目を背けるオバマ氏の姿勢を、共和党のドナルド・トランプ氏は早くもイスラム教徒への弱腰対応だと非難した。

だが、イスラム教徒や移民・難民問題は彼らを排斥したからといって片づくものではない。第一、イスラム教徒の殆どは穏やかな人々である。そのようなイスラム教徒をひと括《くく》りにして排除する政策は、乱暴であり、一夜にしてアメリカを全世界16億人のイスラム教徒の敵にしてしまうだけであろう。現在、トランプ氏の支持率はわずかながら下落し始めている。だからこそ、トランプ氏は今回の事件を利用して支持率の回復を狙うだろう。ここは、アメリカの有権者が試される局面である。彼らはオーランド事件の悲惨さを超えて冷静に考えることができるだろうか。

右翼勢力の台頭

同様の問いが欧州諸国にも突きつけられている。トランプ氏的「自国第一主義」が、欧州に広がっている。

6月23日に実施される、イギリスのEU残留か離脱かを問う国民投票にも事件は少なからぬ影響を及ぼすだろう。イギリスには、この1年でEU内外から33万3000人の移民・難民が流入した。人、モノ、カネの移動の自由を謳《うた》うEUにとどまる限り、他民族は流入し続ける。それには耐えられないという思いが離脱派英国人の背中を押している。

押し寄せる他民族に職を奪われ、医療、福祉、住宅、教育などあらゆる面の手当を負担しなければならない。テロリストがまぎれ込むことも、オーランドの犯人のように地元生まれのテロリスト出現の危険もある。移民・難民の制限が問題を解決すると信じて、EU離脱で独自路線を歩みたいと多くの人々が考え始めている。

イギリス同様、フランス、オランダ、スウェーデン、ポーランド、オーストリアなどの欧州諸国がEUの機能に疑問をつきつけ、独自の道を歩む動きを見せ始めた。世論を独立方向に強力に誘導する右翼勢力の台頭は、即《すなわ》ち、ヨーロッパ版のトランプ的思考、自国第一主義そのものだ。

諸国がこうして孤立主義に向かい国際社会の枠組みが揺らぐいま、日本の喫緊の課題は中国の脅威からどのように自国を守り通すかという点である。アメリカの軍事的コミットなしで、日本だけの力で国を守り通すことはできない。いま一国だけで自国防衛を完遂できるのはアメリカ、中国、ロシアだけであろう。

日本を見放しかねないトランプ氏を、しかし、批判する資格は日本にはない。なぜなら、国家基本問題研究所副理事長の田久保忠衛氏が喝破するように、日本こそ「自国第一」の孤立主義国だからだ。

「いま、皆がトランプ氏は孤立主義だと言います。アメリカで孤立主義というのは軽《けい》蔑《べつ》の言葉です。しかし、日本は経済以外のことでは、全く孤立主義ではないですか。どんな問題もまともに議論せず、アメリカ第一の言葉でごまかしてきたトランプ氏も驚くほどの孤立主義国が日本でしょう」

状況は少しずつ変化しているとは言え、日本は自衛隊の海外展開に消極的であり続けてきた。憲法上、自衛隊は軍隊ではないとの解釈も頑固に守っている。憲法は一言一句も変えず、殻に閉じこもっている。アメリカよりも欧州諸国よりも、日本は孤立主義である。国際情勢の変化の中で、この殻を打ち破らなければ日本は自国を守り通すことができない。では、私たち日本国民は、この局面で如何にして孤立主義を脱することができるのか。

第3の衝撃波

田久保氏が語る。

「日本の歴史を振りかえってみると、日本を根本的に変化させてきたのはアメリカだということがよくわかります。国際情勢が日本を変えると言うけれども、一番変えたのは、間違いなくアメリカです。1853年にペリーが来て日本は開国しなければならなくなった。その結果が明治維新です。これで国体が変わりました。次にペリーの国と戦争して、1945年に敗れ、現行憲法を与えられた。再び大きな変化を強要されました。そしていま、第3の衝撃波が同じくアメリカからやってきつつあります。仮にトランプ氏が大統領となって、安保条約破棄だと言われた時、日本はどうするのでしょうか。そのような仮説を極論だとして排除するのは容易ですが、最悪の事態を想定して備えるのは国家の責務です。憲法なんか脱ぎ捨てないと、どうにもならなくなるのは明らかです」

このような状況が眼前で展開している中、沖縄ではいま、シンザト・ケネフ・フランクリン被告による女性殺害事件をきっかけに新たな反米軍基地の波が起きている。普天間飛行場の辺野古への移設反対にとどまらない、全《すべ》ての米軍基地への反対運動である。

軍属のシンザト容疑者による犯罪は許し難く、日本の法律に基づいて厳しく処罰するのは当然だ。だが、そのこと故に全ての米軍基地の撤去を要求するのは間違いである。

「憲法改正も9条改正も反対という人々は、アメリカ抜きでどのように日本を守るのか。非武装中立で行くのか。アメリカ軍が本当に引き揚げる場合、反米軍基地の運動家たちは振り上げた拳《こぶし》を一体、どこにおろすのか」と田久保氏は問う。

日本こそが「自国第一主義」の国であり、トランプ氏を批判する資格など実はない、という指摘をこそ心に深く刻みたい。そうしてトランプ氏の問題提起を、日本覚醒《かくせい》につなげていかなければならない。

(2016年6月23日号)

【追記】

元アメリカ海兵隊員で軍属のシンザト・ケネフ・フランクリン被告は2016年4月28日、沖縄県うるま市の女性会社員（20）を襲い、殺害し、遺体を遺棄した。遺体は約1か月後に発見された。許し難い犯罪に沖縄世論が沸騰《ふっとう》したのは当然である。16年7月10日投開票の参議院議員選挙で沖縄の選挙区で自民党が敗退したのは、この事件に対する県民の憤《いきどお》りもあっただろう。殺人罪などに問われているシンザト被告の裁判員裁判は現在、那覇地裁で行われている（その後、無期懲役が確定した）。

第4章　国を守る気概を持て

共産党綱領を改めて読んでわかること

野党の皆さん、一体、頭の中は大丈夫だろうか。胸の中には選挙に勝ち残るための節操のない利害計算が目まぐるしく進行中なのであろうが、選《よ》りに選って、共産党と組むとは、私から見れば正常な判断の枠を超えている。

民進党、共産党、社民党、生活の党と山本太郎となかまたちの4党が参議院議員選挙で共闘するという。政党とは各自、公約を掲げて選挙に臨むのが基本である。その視点から、私は自民党と公明党の選挙共闘への批判も繰り返してきた。

同じ意味で、32ある1人区の全てで統一候補を出す民進党や共産党などの野党協力には強い違和感を抱く。民進党議員の中にも、一部ではあるが、共産党との協力に強い抵抗感を持つ人々もいる。だが、選挙を前にして、そうした反対論は掻《か》き消されているのである。

国際社会では共産主義は疾《と》うの昔に敗北し、先進国で共産党が勢いを増しつつあるのは日本だけではないだろうか。なぜ彼らは勢力を伸ばし得るのか。私たちが日本共産党の特異な実態をよく知らないからではないか。

日本共産党はこれまで何度か党綱領を改定してきたが、本当はどんな国造りを目指しているのだろうか。彼らはかつて自衛隊、皇室、私有財産などを否定したが、現在はどう考えているのか。志位和夫委員長の振りまく笑顔などより、これらの事実関係に注目すべきである。

まず、皇室について。2016年1月4日、天皇陛下をお迎えした国会開会式に、志位氏らは1947年以来、69年振りに出席した。

「天皇制に反対するという立場で欠席しているとのいらぬ誤解を招」かないため、また、「憲法順守のための改革を提起」するための出席である旨《むね》、志位氏は説明した。

ちなみに「天皇制」という表現は国際共産党（第三インターナショナル、コミンテルン）の造語である。正しくは「皇室」であろう。

志位氏以下共産党の本音はどこにあるのか、梅澤昇平《うめざわしょうへい》氏の『皇室を戴《いただ》く社会主義』（展転社）がヒントを与えてくれる。梅澤氏は民社党の政策審議会事務局長を務め、日本の労働問題、社会主義、共産主義の研究で知られる。著書には、わが国の社会主義、共産主義勢力と皇室との関わりについて、驚くべき内容が紹介されている。日本文明の粋をなす皇室と、社会主義、共産主義勢力との関係を辿《たど》れば、日本共産党の実相も自《おの》ずと見えてくる。

皇室に親愛の情

日本共産党は中国共産党と同様、コミンテルンの支部として生まれた。ちなみに、彼らがコミンテルンの支部として生まれたという暗い歴史を現代日本人は忘れがちである。

これに対抗して社会主義者は1951年に「社会主義インターナショナル」を結成し、結成宣言で共産主義の理念と運動を全面否定した。

社会主義インターナショナルは自由主義陣営に立ち、漸進《ぜんしん》的改革を目指す立場から、国際共産主義を「新たな帝国主義の要具」と見做《みな》した。社会主義者は共産主義者との相違を明らかにするために、自らを「デモクラティック・ソーシャリズム（民主社会主義）」と定義した。イギリスの労働党、ドイツの社民党、フランスの社会党、北欧の社民党などが、この民主社会主義勢力の主力だとされている。日本では、ともすると「社会主義」と「共産主義」が混同されるが、そのような混同は世界の「社会主義」勢力の実態とは程遠いと梅澤氏は指摘する。

日本の社会主義勢力や共産主義勢力は驚く程、皇室に親愛の情を抱いていた。まず浅沼稲次郎《あさぬまいねじろう》である。浅沼は当初、日本共産党に入党したが、１９３２年に社会大衆党に入党、戦後は日本社会党の結成に参加して、書記長、委員長を歴任した。

日本の代表的な左翼政治家だった彼は天皇を敬愛し、アパートの居間に神棚を飾り、毎朝神棚に拍手《かしわで》を打っていた。そのような考えを持ち、神棚の前で拍手を打ちつつ暮した浅沼は、「天皇制打倒をまくし立て」る共産党を嫌悪《けんお》していたという。

賀川豊彦《かがわとよひこ》は牧師で、戦後、ノーベル平和賞候補に挙がったと言われる。賀川は無産政党運動で活躍し、日本社会党結成の呼びかけ人の１人だった。彼は外国人記者クラブで会見し、「天皇のもとに民主主義政治が行われていることはイギリスやスウェーデンの例がある」と、キリスト教徒として皇室擁護論を展開している。賀川は、また社会党結成大会では「感極まって、会場の中から『天皇陛下万歳！』を叫んだ」人物でもある。

つまり、日本社会党は皇室を自然な形で受け入れていたのである。共産党にも同様の傾向が顕著だったのである。しかし、そのような皇室観は、天皇制打倒を原理とするコミンテルンとは、到底、相容《あいい》れない。一方、共産党も社会党も前述したようにコミンテルンの日本支部として生まれ、さまざまな面で旧ソ連の指導を受けていた。

『クレムリン秘密文書は語る　闇の日ソ関係史』（中公新書）の中で、著者の名越健郎《なごしけんろう》氏は、旧ソ連から、両党が各々《おのおの》時期は異なるが、物質的・金銭的支援を受けていたことを1991年末のソ連邦解体を機にクレムリンから流出した秘密文書を引用しながら詳細に書いている。

大きな影響力を有していたコミンテルンと、皇室に対する考え方では一致できなかった日本の社会党員や共産党員はどうしたか。多くの転向者が出ることになったと、梅澤氏は指摘している。実に興味深い話ではないか。たとえば、1933年、当時日本共産党最高幹部で獄中にあった佐野学《さののまなぶ》、鍋山貞親《なべやまさだちか》の両名が次のような転向声明を出している。

「日本の天皇制はツァーリズムなどとは異なって、抑圧搾取《さくしゅ》の権力たることはなかった。皇室は民族統一の表現であり、国内階級対立の凶暴性を少なくし、社会生活の均衡を齎《もたら》し、その社会の変革期に際し階級的交替を円滑ならしめてきた」「人民大衆は皇室に対し、尊敬と共に親和の感情を持っている」「日本民族を血族的な一大集団と感じ、その頭部が皇室であるという本然的感覚がある」「かかる自然の情は現在のどこの国の君主制の下にも恐らく見出《みいだ》されまい」

自然な国民感情

梅澤氏は、右の両名はいまで言えば共産党委員長、書記局長らに相当し、彼らに従って600名もの党員が一斉に転向したことは、極めて大きな衝撃だったはずだと解説している。

鍋山は『共産党をたたく12章』（有朋社）で、「天皇制打倒は、日本共産党の専売である」「大正11（1922）年、日本にはじめて、共産党が成立した時、その綱領で『天皇の政府の転覆および君主制の廃止』ということを、取り上げた」。しかし、そのことは、「国内的には、ひた隠しに、隠し通した」と書いている。後に彼が、モスクワの天皇制打倒指示や、その考えに従う日本共産党のこうした方針に反旗をひるがえして転向したことは前述のとおりだ。

梅澤氏による社会主義者と共産主義者の皇室観の分類が興味深い。浅沼や佐野、鍋山らの例に見られるように、社会主義者や右派共産主義者の皇室観は、理論や理屈を超えた自然な国民感情に基づくものだ。天皇を国民統合の中心ととらえ、揺るぎない尊敬の念を抱いている。梅澤氏はこれらの人々の最後に、コミンテルンの指令で動いた共産党主流派を置き、天皇廃止論型として分類した。そこで知りたいのは、現在の共産党主流派の考えである。

共産党綱領は「天皇の制度は憲法上の制度であり、その存廃は、将来、情勢が熟したときに、国民の総意によって解決されるべきものである」と明記している。私はこれを、将来の皇室の廃止を念頭に、機会が来るまで待つ姿勢だと解釈するが、おそらく間違ってはいないだろう。

民進党はこの共産党と共闘するのである。民進党の国会議員、全員に質《ただ》したい。本当に気は確かか、と。憲法における天皇・皇室の在り方についても、国旗・国歌についても、民進党はいまだに統一見解をまとめられずにいる。足元の定まらない政党が、組織力のある共産党と共闘するのは、やがて呑《の》み込まれることを意味する。それなのに民進党は共闘するのか。何をすべきか、せざるべきか、最も重要なことで正しい判断のできない民進党の現状ほど嘆かわしいものはない。民進党よ、しっかりせよ。

（２０１６年６月30日号）

「EU離脱」国民投票がもたらす英国の衰亡

2016年6月23日、イギリスの命運を決する国民投票が行われ、欧州連合（EU）からの離脱を望む人々が約4％の差で残留派をおさえた。

オバマ大統領をはじめとする米国首脳はイギリス国民の決定を、「アラブの春」の民主化運動勃発《ぼっぱつ》に対するのと同様の驚きで受けとめたと、「ニューヨーク・タイムズ」紙（NYT）が28日の紙面で伝えた。それ程予想外だったということだ。

日本の国益に立って、イギリスの決定をどう見るべきか。押さえるべき要点は、イギリスが衰退に向かうのか否《いな》かと、中国、ロシアなど、日本が警戒すべきプレーヤーがどう動くかである。

国民投票の結果は、イギリスに辛うじて残されていた大国の輝きと矜恃《きょうじ》を、長期衰退の中で、打ち砕いていくのではないか、と私は懸念《けねん》している。

国家の運命を変える転換点となった重要な国民投票だったが、恐ろしい程に大衆迎合的だった。残留派は、デイビッド・キャメロン首相を筆頭に、離脱がイギリス経済にもたらす深刻な損失や、失業の増加といった負の影響をもたらすと語り続けたのに対し、離脱派は移民を排斥し、EUの官僚機構の支配から脱け出しさえすれば問題は片づくという短絡的主張で、感情論に訴えた。彼らはEUを離れて如何《いか》にして経済をもり立てるのか、英国の輝きと豊かさを具体的にどう取り戻すのか、世界戦略はどうするのかについて、明確な政策は一切提示していない。提示できなかったのは、彼らにも分かっていないからだ。

離脱決定の選挙結果が出たその直後から現実世界は激変し始めた。金融業でGDPの10％を稼ぎ出すイギリスの金融街、シティからアメリカ系銀行を筆頭に欧州本部移転の動きが見え始めた。イギリスが中国主導のアジアインフラ投資銀行（AIIB）に、アメリカの強い反対を押し切って参加したのも、世界金融の中心であり続けるためだった。それを自ら切り崩しかねないのが離脱であることに、イギリス国民は気がつかなかったのか。

国際外交の要《かなめ》

イギリス国民はまた、EU残留を強く希望するスコットランドのことにも考えが及ばなかったのか。スコットランド行政府首相のニコラ・スタージョン氏は国民投票後、直ちに会見した。彼女は「スコットランドの未来はＥＵの一部となることだ」と語り、14年に続いてイギリスからの独立の是非を問う住民投票を実施すると宣言した。

国土の30%を占めるスコットランドの離脱がもし実現するようなことになれば、連合王国としてのイギリスの力は決定的に削《そ》がれるだろう。イギリス経済を支える北海油田はスコットランドの海にある。原子力潜水艦の母港、クライド海軍基地も同様だ。スコットランドなしのイギリスは、連合王国のブリテンからただの「ちっぽけなイギリス」（ＮＹＴ）になる。

こうした懸念を受けて、離脱決定間もない6月26日の段階で、早くも３２０万人が国民投票のやり直しを求めて署名した。熱情に駆られた選択、直後に噴出した後悔の念。そのせめぎ合いの中の6月25日、イギリスを追い込むかのように、ＥＵ創始国６か国（ドイツ、フランス、イタリア、ルクセンブルク、ベルギー、オランダ）外相会合で、ＥＵ側はイギリスに離脱手続きの早期開始を求めた。アンゲラ・メルケル独首相はこうした性急な動きに批判的ではあるが、イギリスの未来展望は暗い。

アメリカとＥＵの関係も変質していくだろう。これまでアメリカはイギリスを介してＥＵ諸国に影響を及ぼしてきた面がある。イギリスほどアメリカと世界観を共有し、安全保障、インテリジェンス、さらに、自由貿易推進などで協力してきた国はない。

イギリスはアメリカの国際外交の要だが、イギリスが抜けた後、EUに残るのは、アメリカとはしっくりこないフランスである。イタリアもオランダも影響力を行使するには貧しく力が弱い。EUの大国ドイツは、アメリカに対する猜疑《さいぎ》心《しん》を拭《ぬぐ》いきれない。アメリカのEUとの関係は当然薄れ、アメリカの後退した空白に、ロシア、さらに中国が入り込むことが予想される。

同時進行で、先に〝恐ろしい程〟と書いたポピュリズムの動きが拡大していくだろう。現にアメリカ共和党のドナルド・トランプ氏とフランスの極右政党、国民戦線党首のマリーヌ・ル・ペン氏はイギリスの決定を絶賛した。

ル・ペン氏はイギリスを起点とする政治の潮流を「アラブの春」になぞらえて「人民の春」と呼び、その流れを止めることは不可能だと説いている。トランプ氏を支持するアメリカ国民の孤立主義が次期米政権に影響を及ぼし、アメリカが米軍の縮小や撤退に踏み出すとしたら、日本を含む世界への影響ははかり知れない。

「人を殺すための予算」

一方で、中国とロシアが一連の変化をこの上ない好機として注意深く観察している。

習近平主席とプーチン大統領は6月23日と25日、ウズベキスタン及び北京で立て続けに会談した。異例のことだ。それだけ、両国にとってこの数日は国際政治のどんでん返しをはかるための重要な局面だった。両国は明らかに、アメリカを共通の敵と位置づけ、宇宙空間への軍備拡張に関しても共同歩調をとる構えだ。南シナ海問題でロシアが中国の立場を支持したか否かは不明だが、ロシアは国際法廷ではなく、当事国同士で話し合うべきだとの立場に立つ。海の問題でも両国は究極的には同じ側に立つと見るべきだ。

このようにアメリカもEUも、中国もロシアも、イギリスの決定による世界情勢の変化を血眼で分析している。その中でいま、わが国では参議院議員選挙が行われている。激動する世界で、如何にして日本を守っていくかが最重要の争点であろうに、政治の意識はそこに行っているのかと思えば、疑わしい。

国を守るには経済力と軍事力の整備が基本である。とりわけ日本に欠けているのは軍事力である。自衛隊は憲法上軍隊ではないとされ、憲法には自衛隊の存在すら、書かれていない。現実を見れば、自衛隊は厳しい規定で軍隊としての展開が制限されている。必要なのは憲法改正だが、その前に、日本の生存を担保するために自衛隊の力を強化することが必要だ。

民進党が共闘する日本共産党は、自衛隊をどのように見ているのだろうか。共産党政策委員長の藤野保史氏は防衛予算を「人を殺すための予算」と発言した。藤野氏は後に発言を取り消したが、発言は党及び氏の自衛隊に関する本音を表しているのではないか。

共産党は自衛隊を当面存続させる方針だが、違憲の存在だと位置づけている。自衛隊を「人を殺す」組織と見ているのであれば、「当面存続」の後に、自衛隊を解散する時が必ず来るであろう。世界が激変し、中国が南シナ海、東シナ海を狙っている中で、民進党はこのような考えの共産党と、選挙で共闘するのか。安保法制の廃棄を目指すのか。私には民進党は皆で一斉に乱心しているのではないかと思えてしまう。

（2016年7月7日号）

改めて見直せ、東シナ海の危機

参議院議員選挙が迫っている。民進党や共産党の公約が安保法制廃止である。まともな神経ではどう考えても理解できないことだ。日本周辺の安全保障状況は目に見える形で厳しさを増している。その中で、民進党も共産党もどのようにして日本国民と国土を守るつもりなのか。

２０１６年7月3日、中国は南シナ海のパラセル諸島海域で新たな強硬策を取ることを世界に宣言した。5日から11日までの1週間、軍事訓練を実施するとして各国に同海域への進入禁止を通告したのだ。

「11日まで」の意味は、フィリピンが中国を訴えた常設仲裁裁判所の判決が出される前日までということだ。国連海洋法条約に基づく判決を受け入れるつもりがないことを示すもので、国際社会への開き直りであり挑戦に他ならない。

中国共産党の対外向け機関紙「環球時報」は今回の軍事演習の目標を、中国には自国領の主権を守り通す能力があることを示すためであるとし、その一方で演習を、これは中国の常套句《じょうとうく》ではあるが、平和維持のためとも説明した。

日本政府は、南シナ海領有権を巡る仲裁裁判所の判決を中国を含む全《すべ》ての関係国が尊重することを求める共同声明を、先進7か国（Ｇ７）が歩調を揃《そろ》えて発表するよう働きかけてきた。国際法を守る側と守らない側の闘いであることを明確にするのは正しい戦略である。

伊勢志摩でのＧ７首脳会議でも安倍晋三首相は南シナ海の写真を示し、中国による埋め立て、軍事拠点化の実情を詳しく説明した。南シナ海はヨーロッパから遠いため、欧州指導者の多くは急速に進行する中国の侵略について詳しいわけでも関心があるわけでもない。だが、安倍首相の説明は欧州諸国の対中認識を改めさせたはずだ。欧州の指導者も、南シナ海における中国の行動がクリミア半島におけるロシアのプーチン大統領の行動と同質の侵略であることをよりよく理解したに違いない。

中国にとって、12日に示される仲裁裁判所の判断も、またＧ７の共同声明も、厳しい内容となるのは避けられないだろう。

「攻撃動作」

死に物狂いと言ってよい習近平主席の強硬策の下では、このような国際社会の動きに対して現在の中国が取り得る唯一《ゆいいつ》の手段は、物々しい軍事演習の断行である。

演習の現場となるパラセル諸島は、40年以上前の70年代に中国が当時の南ベトナムを攻撃して軍事力で奪い取ったものだ。ベトナムは現在も領有権を主張しているが、同諸島は南シナ海支配に欠かせない中国の巨大な海軍基地となった。

「環球時報」はパラセル諸島の西北、トンキン湾近くの海南島にすでに中国3艦隊の軍艦が集結したと報じた。その中には北海艦隊のミサイル搭載駆逐艦、東海艦隊のミサイル搭載駆逐艦、ミサイル搭載フリゲート艦などが含まれている。

南シナ海を管轄《かんかつ》するのは南海艦隊だ。それ以外の艦隊も参加する大がかりな演習は、核心的利益を守るためには国際法による決定も断固拒否するという中国の国家意識の表現である。国際社会における問題解決に、中国は軍事力の行使を厭《いと》わず、帝国主義的行動を選ぶというメッセージである。

中国の強硬策は南シナ海に限らない。わが国の東シナ海上空で6月17日に航空自衛隊の戦闘機が中国人民解放軍の戦闘機に対して行った緊急発進（スクランブル）について、中国国防部は7月4日、「日本側の発言は全く白黒逆で、世論を惑わす」と反論した。彼らは、中国の防空識別圏を中国軍のＳｕ（スホーイ）‐30戦闘機２機が巡視していたところに、日本の航空自衛隊のＦ‐15戦闘機２機が高速接近したと主張した。つまり緊張をつくり出しているのは日本だと非難したわけだ。実際には何が起きたのか。

同件については6月28日に元空将の織田《おりた》邦男《くにお》氏が警告を発した。中国軍機が日本の空に急接近してきたのに対し、空自機がスクランブルを試みた。その空自機に中国軍機が「攻撃動作」を仕掛けた。空自機はドッグファイト（格闘戦）に巻きこまれる危険性があったため、自己防御装置を使用しながら中国軍機によるミサイル攻撃を回避しつつ、戦域から離脱した、という内容だ。

日本政府は空自機がスクランブルをかけたことは認めたが、中国側の攻撃動作は否定した。一方中国政府は、「日本の戦闘機が急接近して挑発し、射撃管制レーダーを中国側に照射した。中国側が果敢に対処し、戦術機動などの措置を講じた。日本機は赤外線フレア弾を発射して退避した」と発表した。

彼らはこうも語った。「中国側は日本側に対して、一切の挑発的行為を止《や》めるよう求める」。

中国は日本側を嘘《うそ》つきとなじっているのである。笑止千万ではないか。私はよく知っている。私だけではない、およそすべての日本人はよく知っている。嘘をつくのは中国側だと。

「白黒逆」の嘘

思い出すまでもないが、一応思い出してみよう。10年9月7日午前、尖閣諸島の領海で中国漁船が海上保安庁の巡視船「よなくに」などに激しく船体をぶつけてきた。当時の菅直人《かんなおと》首相と仙谷由人《せんごくよしと》官房長官は現場を収録したビデオを公開せず、その間に中国政府は一貫して「全く白黒逆」の嘘をつき続けた。中国側はどのように海保の船が中国漁船に体当たりしたか、中国漁船がどれ程懸命に日本の攻撃を逃れようと回避行動をとったかを、ご丁寧に図まで描いて公表した。

ところが当時海上保安官だった一色正春《いっしきまさはる》氏が独断で公表したビデオは全く正反対の事実を私たちに示してくれた。

ベトナムも同じ被害に遭った。14年5月、中国はベトナムが領有権を主張するパラセル諸島海域に巨大深海用掘削装置を繰り出し、石油掘削を開始した。ベトナムは29隻《せき》の船で抗議行動に出た。中国は80隻を投入し、ベトナム船に激しい体当たりを加えた。

5月9日、中国外務省は「8日夜までにベトナム側が中国側に180回余りも体当たり攻撃を加えた」と公表した。だが、ベトナム政府は直ちに映像を公開し、体当たりを仕掛けていたのは中国船だったという事実を世界に示した。

日本に対してもベトナムに対しても、嘘をついているのは常に中国である。

そもそも日本の自衛隊は厳格すぎる程、法を守る組織だ。空でも海でも陸でも慎重に自らを律している。無謀に相手を挑発することは断じてないと言ってよい。今回も同じである。東シナ海上空の攻撃動作は中国軍機によるものだと考えて間違いないだろう。

明らかなのは、中国が軍事攻撃をも辞さない決意で膨張しようとしており、その中国の脅威に日本が晒《さら》されていることだ。日本を守るために安保法制でほんの少し集団的自衛権を行使できるように改めたが、専門家の多くは、これではとても不十分だと見ている。にも拘《かかわ》らず、民進、共産両党はこれを廃止するべきだという。こんな無責任な政党に日本を任せられないと思うのは私だけではあるまい。

(2016年7月14日号)

【追記】

２０１６年7月10日、第24回参院選が行われた。安倍晋三首相は戦後初めて、自民党を中心に憲法改正の発議に必要な３分の２以上の議席を両院で確保した。民進党や共産党は憲法改正を阻止するために３分の１の議席確保を掲げたが敗れた。安倍首相は改憲勢力の３分の２を確保したことについて「（国会発議に向けて）橋はかかったんだろう。私の（自民党総裁）任期はあと2年だが、憲法改正は自民党としての目標だから落ち着いて取り組みたい」と語っている（「産経新聞」16年7月11日）。自民党が公示前の１１５議席から１２０議席となったのに対し、民進党は62から49へと減少した。社民党は吉田忠智党首が落選して参院の議席は2となった。

改憲勢力が３分の２を超えた一方で、自民党は野党共闘の影響も受けた。野党共闘で候補者を一本化した１人区のうち、岩手、山形、新潟、沖縄など11の選挙区で敗北を喫している。民進党は選挙での敗北を受けて代表が岡田克也氏から蓮舫《れんほう》氏へと交替したが、蓮舫氏の日本と台湾双方の国籍問題で、民進党の信頼は深く損なわれている。党代表の国籍問題にさえも明確に対処できない民進党、また、自身の問題であるにも拘らず、明確な説明のできない蓮舫氏では、国民の信頼を取り戻すことは到底、期待できないであろう。

日本を貶《おとし》める〝歴史問題〟を創《つく》ったのは誰か

「少しずつですが、彼らの主張が解《わか》ってきました。結局、歴史問題は日本人が創り出しているのです」

東京基督教大学教授の西岡力氏は、中韓両国が主導して2016年5月末に国際連合教育科学文化機関（ユネスコ）に、慰安婦関連資料約2700件の世界記憶遺産登録の申請を行ったことについて、こう語った。明星大学特別教授の高橋史朗氏も深く懸念する。

「彼らは5月31日に、共同申請の手続きを完了しました。中国は前年、申請したのですが、ユネスコ側が登録を見送り、他国の資料も合わせて共同申請するように推奨したという事情があります。ユネスコの助言に従った今年（16年）は登録が認められる可能性が非常に高いと考えるべきです」

今回中国と共に申請したのは、韓国、台湾、フィリピン、インドネシア、オランダ、東ティモールと日本の8か国・地域の民間団体。最終段階でイギリスの博物館も参加して9か国となった。なぜ、イギリスが参加したのか、その経緯は不明である。

中請内容を日本側はまだ把握できていないが、6月1日に、これらの団体が構成する慰安婦に関する国際連帯委員会が韓国ソウルで記者会見し、配布した資料から、幾つか明確になった点がある。

第1点は、慰安婦に関する日本の市民運動の記録が少なからず含まれていることだ。案の定である。慰安婦問題を含む歴史問題で日本の非を言い立てるための理論構成を、彼らは慎重に行ってきた。日本のNGOの主張が申請の柱になっているとしたら、西岡氏が指摘するように、歴史問題はまさに日本人が創り出していると言える。

明らかになったもう1点は、本誌（週刊新潮）の16年4月28日号（本書149〜154頁参照）でも触れたが、中国の上海師範大学・中国慰安婦問題研究センター教授、蘇智良氏らの著書、『中国人慰安婦（CHINESE COMFORT WOMEN）』が申請資料に含まれていることである。蘇氏らが展開している主張は主として、①中国人慰安婦の大半が日本軍によって直接的に強制連行された、②中国人慰安婦は朝鮮人慰安婦よりもさらに酷《ひど》い取り扱いを受けた、③慰安婦は朝鮮半島出身の女性20万人に加えて中国にも20万人強が存在した、である。

強制連行プロパガンダ

なお、著書には記されていないが、朝鮮人・中国人慰安婦、計40万人中約30万人が日本軍によって殺害されたという主張を、蘇氏が主導する中国慰安婦問題研究センターが発表済みだ。

こんな内容の書、『中国人慰安婦』はどこまで信用できるのか。西岡氏ら5人の研究者で構成する「中国人慰安婦問題研究会」が分析し、「中国人慰安婦問題に関する基礎調査」（以下「基礎調査」）として、6月17日に発表した。

内容は、①中国人慰安婦問題の研究と運動は1992年の朝日新聞の慰安婦強制連行プロパガンダを契機に始まった、②中国人慰安婦の強制連行は証明されていない、③名乗り出た中国人元慰安婦の大部分は、「慰安婦」ではなく「戦時性暴力被害証言者」だった、④中国人慰安婦20万人説はでたらめな計算の結果、である。

なぜ蘇氏は、専門家からこのようにでたらめだと批判される主張を展開するようになったのか。そこにも日本人の影響が見てとれる。

蘇氏が慰安婦研究を始めた契機は日本の学者との会話だったと、氏自身が書いている。92年、客員研究員として東京大学で学んでいるとき、日本人学者から「日本軍の慰安婦制度は上海が発生源」だと指摘され、それまで知識も関心もなかった慰安婦問題に、その時点から関わり始めたという。

92年は、朝日新聞による慰安婦「強制連行プロパガンダ」が行われた年だ。日本や韓国における慰安婦問題の報道のなかで中国人慰安婦問題も触れられ、同年12月には慰安婦だったという中国人女性、万愛花氏が来日している。

時系列で事実を追っていけば、中国人慰安婦問題の研究と運動は、朝日の「強制連行プロパガンダ」が起点となり、これに刺激されて起こったという事実が見えてくる。

だが、万愛花氏が中国人被害者として名乗り出たものの、それ以外の中国人被害者はあらわれなかった。すると、「日本の弁護士と運動団体が中心となって、『被害者探し』が行われた」と「基礎調査」で勝岡寛次氏が指摘している。

94年10月には「中国人戦争被害調査団」として日本から約10名の弁護士が北京を訪れ、慰安婦としての被害者、強制連行の被害者、七三一部隊の被害者遺族、南京事件の被害者らから聞き取り調査を行い、順次日本政府に対する裁判を起こしていったという。

まさに、朝日新聞と日本の弁護士、日本のＮＧＯなどの運動団体が連動して歴史問題を創り上げていく構図ではないか。

被害者の発掘

西岡氏らによる指摘の③についてさらに見てみたい。蘇氏の著書や関連資料に登場する中国人慰安婦は、重複を整理すれば34名になる。内26名、76%が山西省盂《う》県と海南島における性暴力の被害者である。広い中国でなぜ、被害者が特定地域に集中するのか。勝岡氏はまず当時の中国を以下のように分析する。

「山西省盂県と海南島の両地域は日本軍が共産ゲリラと直接対峙《たいじ》せざるを得なかった特殊な地域だった。日本軍は河北・山西省を敵性地区（抗日根拠地）、准《じゅん》治安地区（抗日遊撃区）、治安地区（被占領区）の3つに分けていたが、准治安地区と治安地区では、性犯罪の発生率に大きな違いがあった」

「准治安地区」では中国人女性に対する強姦《ごうかん》・輪姦被害が多発した。同区では被害を受けた女性たちが日本の憲兵に訴える可能性があったために、加害者が証拠隠蔽《いんぺい》のため、強姦・輪姦後に女性を殺害してしまうケースが多かったという。

他方、「治安地区」では、日本軍当局によって婦女陵辱《りょうじょく》行為は厳しく禁止され、日本兵も強姦はまかりならないと自覚していたから、「組織的な性犯罪はほとんど行われなかった」「性犯罪が多発したのは、憲兵による治安が行き届かない、八路軍と直接もしくは間接的に対峙していた地域（准治安地区・抗日遊撃区）に限られることが窺《うかが》える」というのだ。

さらに氏は、「この両地域には94年以降、日本人が大挙して押し寄せ、原告探しをした。その結果、性暴力被害者の発掘が進んだという事情もある」と指摘する。逆に言えば、中国全土で慰安婦を探し回っても、結局山西省と海南島でしか、原告になりそうな女性は見つからなかった、それも慰安婦ではなく、戦時性暴力の被害者しか見つからなかった、ということであろう。日本を貶める歴史問題はまさに朝日新聞や日本人が創り出しているのである。

（２０１６年７月21日号）

日本は南シナ海共同管理の先頭に立て

オランダ・ハーグの常設仲裁裁判所が下した南シナ海問題に関する裁定への中国の反発は常軌を逸している。公然と国際法を否定する中国の前で、法治を旨とする民主主義陣営が確固たる手を打てないとしたら、ハーグの仲裁裁判所も国際法も意味を失うだろう。いま世界は国際法を守るのか破るのか、法治を徹底させるのか、暴力による支配の原理を許してしまうのか、その分岐点に立っている。

フィリピン政府の訴えから3年半、裁定は7月12日に下った。骨子は、

①中国の主張する「九段線」には国際法上の根拠はなく、歴史的領有権の主張も認められない

②スプラトリー諸島には海洋法条約上の「島」は存在しない。岩や満潮時に水没する暗礁《あんしょう》を埋め立て、構築物を建設しても、領海や排他的経済水域、領空の権利は主張できない

③中国の埋め立てや中国船による漁業は周辺海域の生態系を破壊している
④中国船はフィリピンの石油探索や漁業を不法に妨害している
⑤仲裁手続きが始まっているのに、なおも大規模な埋め立てや造成を行ったことを非難する

などである。南シナ海に九段線を引き、内側すべてを自国領だとしてきた中国の主張を悉《ことごと》く否定した内容だ。裁定には異議を唱えることができないため、これが最終決定である。中国の驚愕《きょうがく》振りは彼らが示した激しい反発に表われている。

習近平国家主席は裁定が下された当日に会談した欧州連合（EU）のトゥスク大統領に、「裁定に基づく如何なる主張や行動も受け入れない」と宣言した。

裁定後の15日からモンゴルの首都、ウランバートルにアジア欧州会合（ASEM）参加の51か国の代表が集った。安倍晋三首相は李克強《りこくきょう》首相と会談したが、李首相は安倍首相に「不必要なことに首を突っ込むな」と無礼な発言をした（共同通信）。ASEMでは国際法の原則や国連海洋法条約に従った紛争解決の重要性を謳《うた》った議長声明が採択されたが、南シナ海という固有名詞を入れられなかった。中国の反対と反発はそれほど強かった。

無法国家

王毅外相も中国外務省も、中国共産党機関紙の「人民日報」も、傘下《さんか》の「環球時報」も、見事なまでに一体化して中国全体で、国際法には従わない、つまり、中国は無法国家であると、自ら発信したことになる。

裁定翌日の13日、外務次官の劉振民《りゅうしんみん》氏が中国の南シナ海白書を発表した。その中で仲裁裁判所の判事5人への「ののしり」(invective)をエスカレートさせ、「偏向した、アジア文化に無知なフィリピン政府のために働く輩《やから》」と語ったと、米主要紙の「ウォール・ストリート・ジャーナル」(WSJ)が揶揄《やゆ》した。

中国人民解放軍(PLA)副参謀長の孫建国氏は、16日、軍高官として、裁定後、初めての公式見解を発表した。清華大学における国際シンポジウムで、「判決は軍隊に幻想を捨てさせた」「軍事力を強化し、やむを得ない状況下で国家主権と権益を守るための最後の決定的な役割を発揮しなければならない」と述べた(『朝日新聞』7月18日付朝刊)。南シナ海で軍拡を進め、軍事力行使の日に備えるという宣言だ。

孫氏は6月5日、シンガポールでのアジア安全保障会議で、「南シナ海の問題は完全に解決されている」「ウィンウィンだ」などと演説したあの人物である。

事実と正反対のこと、別の言い方をすれば嘘を、真顔で語る中国人に南シナ海での国連海洋法条約違反を許してしまえば、やがて中国は東シナ海でも国際法を踏みにじっていくだろう。そしてプーチン大統領は大西洋や地中海で同じことをするだろう。

21世紀の国際社会の基盤である国際法を自国の都合で曲げたり否定したりする隣国に対処するには、共同管理体制の構築を急ぐことだ。平和で、法に基づいてどの国にも開かれた海を守り続ける先頭に立つべき国は日本である。シンクタンク「国家基本問題研究所」の理事で東海大学教授の山田吉彦氏は、「アジア海洋管理協定」を構想する。スプラトリー諸島をはじめとする南シナ海情報を集約し、共有して、複数国で警備する仕組みである。

共同管理と共同警備はASEAN諸国、オーストラリア、インドなどの国益にも資するはずだ。航行の自由やハーグの司法判断を尊重する意味で、フランスのル・ドリアン国防相も欧州諸国によるパトロールの可能性を示唆《しさ》する。海上保安庁と自衛隊、各国のコーストガードと海軍の連携体制を作る先頭に、日本はアメリカと共に立つ責務を負っている。

PLA副参謀長の孫氏がいみじくも警告したように、中国が軍拡を以《もっ》てこの状況に対処する場合、中国への抑止力を高めるために、国際協力が必要である。

他方で、中国の巧みな外交戦略と経済力を最大限活用した、搦《から》めとり作戦も警戒しなければならない。アキノ前大統領から6月に政権を引き継いだロドリゴ・ドゥテルテ大統領はアキノ大統領の対中強硬策に否定的で、中国との2国間交渉に応じると語っている。

秘密協定

フィリピンと中国の関係は2004年、もし実現すれば恐るべき中国支配が確立していたと思われる注目すべき展開を見せたことがあった。「フィリピン調査報道センター」(PCIJ)の資料によると、アロヨ大統領(当時)がスプラトリー諸島を含むカラヤン諸島のほぼ全域、実に2万4000平方キロのフィリピンの国土と海で中国企業が開発を行う権利を認める協定を結んでいたというのだ。PCIJのサイトには、同協定に関して「売国」「反逆」などの激しい非難の表現が散見される。

俄《にわ》かには信じ難い思いもするが、WSJは04年にアロヨ大統領がフィリピンの海に中国の法を適用するとの秘密協定を、中国と結んでいたと指摘している。PCIJの前述の情報を確認するものである。

また、シンクタンク「日本国際問題研究所」の福田保氏は04年11月にアロヨ政権が中国と「防衛協力に関する覚書」を締結したこと、その背景に米比関係の悪化があり中国の対フィリピン援助が拡大されていたことを指摘している。一度あることは二度あると思わなければならない。今回も、中国が十分な額の援助を申し入れ、さまざまな開発計画を提案し、ドゥテルテ大統領の歓心を買うことは大いに予想される。

中国の負債総額はいまやGDPの2・5倍、168兆元（約2650兆円）だ。内、企業分が約5分の3、約1590兆円と推測される。かなりの部分が不良債権になる危険がある。債務不履行（デフォルト）に陥った企業も出始めており、急増しかねない。

このような状況下、尋常ならざる強気政策に出る中国の実相を捉《とら》えることが対処の基本である。こちら側が団結して原則を譲らないことだ。そうすれば、必ず、私たちの価値観で勝てるはずだ。

（2016年7月28日号）

ＡＳＥＡＮが中国に乗っ取られる前に

南シナ海は誰のものか。国際社会の公共財である海の秩序を国際法で守るのか、強国が力に任せて支配するのか。

この問いの前で、南シナ海の殆《ほとん》ど全てを自国領だとする中国の主張が、ハーグの常設仲裁裁判所によって悉く否定され、中国が完膚無きまでの敗北を喫したのが7月12日だった。

ところが、7月24〜25日、ラオスの首都ビエンチャンで常設仲裁裁の裁定後、初めての東南アジア諸国連合（ＡＳＥＡＮ）外相会議が開かれ、そこで中国が猛烈に巻き返した。彼らお得意の分断戦略を縦横に駆使し、最も注目されていた裁定に関して、一言も共同声明に入れさせなかったのである。

中国外相の王毅氏が「著しく合法性を欠いた判決のページはめくられた。（判決がひき起こした）熱は下がった」と勝利を宣言し、中国を訴えたフィリピンのメディアは「ASEAN沈黙、中国の勝利」（7月25日「マニラ・タイムズ」）、「薄められた非難、蚊が刺した程の痛みもなし」（7月26日「マニラ・ブレティン」）などと自虐《じぎゃく》気味の見出しで報じた。

王外相は24日に現地入りし、カンボジア、ラオス、ブルネイ、タイ、ミャンマー、シンガポールの6か国外相と次々と深夜まで会談を重ねた。中国が絶対に認めないハーグ裁定に触れないよう説得したと報じられている。ASEAN諸国中、最も中国に近いカンボジアが今回も中国の思いどおりに動いた。全会一致を旨《むね》とするASEAN切り崩しには、1国が反対すれば十分であり、カンボジアは中国の最も重要な切り札なのである。

中国は今回、向う3年間で6億ドル（約625億円）の援助をカンボジアに与えると発表しているが、カンボジアの最大の援助国は日本である。政府援助にとどまらず、多くの学校を建て、教師を派遣し、教材を送り続けてきたことに見られるように日本人は民間レベルでも活発にカンボジアに貢献してきた。中国人による同様の援助など、私は寡聞《かぶん》にして知らない。

それでもカンボジアは、法の支配か、力の支配かという極めて重要な問題に直面して、必ずしも日本を選ばない。というよりカンボジアは、ASEANの一員としての立場より、中国との関係を優先するとの批判がある。

弾圧政策に目を瞑《つぶ》る

カンボジアの中国接近にはフン・セン首相の個人的利害が深く関わっているとの見方が、少なくない。フン・セン氏は20年の長きにわたって実権を握ってきた。発展途上の貧しい国で20年にわたる権力掌握が汚職や不法権益と結びつきがちなことは容易に想像できる。そうしたことから生じる国民の不満を抑えるために、強権政治に傾いて今日に至っているのが現状だ。

フン・セン氏は2018年には総選挙に直面する。不安定な国内政治において、政敵を弾圧するとしたら、日本をはじめとする先進民主主義国より中国の方が余程頼りになる。なぜなら、中国に忠実であり続ける限り、中国は「内政不干渉」の立場で弾圧政策に目を瞑り、フン・セン氏への援助を続けるであろうから。ダルフールの虐殺で悪名高いスーダンのアル・バシル大統領を中国が支持し続ける前例もあるではないか。

ハーグの裁定を「紙クズ」と切り捨てた中国と、法による公正さとは異次元の世界で実利によって結びつく価値観が、そこに見てとれる。

ビエンチャンでのASEAN外相会議が行われていたのと同じ25日、フィリピンのロドリゴ・ドゥテルテ大統領がマニラで施政方針演説を行った。氏は南シナ海問題では「中国とは交渉しない」と言明済みだが、施政方針演説でも仲裁裁の裁定を「強く支持し尊重する」と述べた。

ドゥテルテ大統領はカンボジアとは異なる道を選択するかのように思える。しかし、約90分の演説中、南シナ海への言及はわずか1分だった。その扱いの軽さに一抹の不安を抱かざるを得ない。

小国は生き残りのために大国の動きを測る。ASEANが中国とアメリカ、もしくは中国と日本の間で計算し、揺れ動くのは当然である。だからこそ、日本はあらゆる努力で南シナ海での中国の無法な行いを許してはならない。なぜなら、南シナ海問題は東シナ海問題でもあるからだ。日本の国益のために、いま、中国の無法な行いを抑制しなければならないのである。具体的に何をすべきか。

まず、ASEANに生じている、まともな深刻な問題意識に目を向けたいと思う。シンガポールの東南アジア研究所、上級研究員のタン・シュー・ムン氏は外相会議開催前に、「ASEANは、南シナ海問題で水で薄められたような共同宣言を出すよりも、共同宣言を出せない不名誉を選ぶべきだ。ASEANはたった1か国の些細《ささい》な利益追求の人質には決してならないと発信せよ」と発表した。

「カンブレグジット」

１９９９年にカンボジアが加盟しＡＳＥＡＮは10か国になった。以来、創始国５か国の解決能力が低下したと氏は指摘する。さらに、この間に発生した「課題の全てで中国が共通の問題」だが、責任を他国に転嫁《てんか》してはならない、責任は自分たちの中にあると説く。

カンボジアがＡＳＥＡＮの一員でありながら「南シナ海問題の本質を理解できず、より大きな構図の中で戦略的に考えることができていないことこそ最も懸念《けねん》すべきだ」とも書いている。

カンボジアの議事妨害的な行動は許さない、カンボジアはＡＳＥＡＮ諸国の不満に目を瞑るなと氏は憤《いきどお》っているが、ＡＳＥＡＮでこんな強い意見を聞くのは珍しい。彼らは10か国の結束を重視し表立って激しく非難し合うことは余りないからだ。

しかし、タン氏はこうも書いた。

「カンブレグジット」を考えるべきだ、と。イギリスの欧州連合離脱、ブレグジットをもじって、カンボジアの離脱を提案しているのである。

「たった1か国に（全体の決定を）拒否する力を認めてはならない」「トロイの木馬を抱え続けてはならない」「これはＡＳＥＡＮが戦い、そして勝利しなければならないバトルだ」と強調し、最後に問うている。

一体誰がこの戦いを主導するのか、と。

氏は答えを次のように書いている。

「中国に対処するのに決定的役割を担《にな》うのは日本である」

かつて日本に非常に厳しかったこともあるシンガポールからの提言である。驚くべきではないか。彼らは十分に識《し》っているのだ。日本は中国とは全く異なる国であること、日本人は国際法を守り、平和的話し合いを基軸とする民族であることを。

ＡＳＥＡＮ外相会議で中国は巻き返したが、彼らとの対峙やドンデン返しは、これからもずっと続く。日本が守ってきた価値観に自信をもって、大きく変わる国際社会、とりわけアジア情勢を主導する責任を担うのだ。その覚悟と準備を整えることが、日本に迫られている。

（２０１６年８月４日号）

日本を考えるために是非読みたい2冊の本

梅雨が明けて本格的な暑さがやってきた。世の中は、参議院議員選挙に続いて東京都知事選挙、9月には民進党の代表選挙が続く。アメリカでは民主党のヒラリー・クリントン氏と共和党のドナルド・トランプ氏が激しく競《せ》り合い、互いを非難し合う。

だが、最も気にかかるのは、日本の在り方である。折しも天皇陛下が今後の皇室の在り方について、直接、国民に語りかけられるという。私心を超えて日本の歴史と文明に基づくお言葉を発せられるものと思うが、譲位のご意向についてすでに多くの人々が論評し始めた。右も左も、決してお言葉を政治利用してはならないのであり、私は陛下のお言葉を待ちたいと思う。

日本はどんな国であり続けるのがよいのか。いまこそ、日本人皆が考えるときであろう。そこで2冊の本を勧めたい。2冊とも直接、解決法を示してくれるわけではないが、いま再び読んでおくのがよいと思う。1冊目は20年以上も前に出版された『昭和天皇独白録』（文春文庫）である。

これは昭和21（1946）年3月から4月にかけて、5回にわたって昭和天皇が側近に語った内容をまとめたものだ。日本国の元首である昭和天皇が大東亜戦争当時、そして日本が初めて味わった敗戦の下で、どのように考えておられたか。政治に如何《いか》に関わったかが、御自身の言葉で語られている。

昭和天皇が優れた外交観をお持ちだったと確信する事例は少なくない。たとえばリットン報告書についての反応である。昭和6年9月の満州事変に関して国際連盟が調査し、まとめた報告書は、満州事変を日本の侵略と断じた。だが、同時に満州における日本の権益が特殊であること、満州国の事情は複雑で短絡的に因果関係や合理非合理、或《ある》いは正邪の判断はできないという視点を維持していた。日本にとって決して不利な情報ばかりではなかったのである。

平和を求めよ

昭和天皇は、「私は報告書をそのまま鵜呑《うの》みにして終《しま》う積りで、牧野《まきの》、西園寺《さいおんじ》に相談した」と話しておられる（原本では旧仮名遣い）。牧野は牧野伸顕《のぶあき》、その娘婿《むすめむこ》が吉田茂だ。西園寺公望《きんもち》は元老として昭和天皇に助言する立場にあった。

ところが日本国は天皇のお気持ちとは反対に、リットン報告書を拒否して国際連盟から脱退し、孤立の道を歩んでいった。そんな道ではなく、報告書を受け入れて国際社会にとどまる方がよいと天皇はお考えになった。元老西園寺は、すでにリットン報告書は拒否すると閣議決定されたとして、昭和天皇の反対論を押しとどめた。

あの時代を振りかえるとき、私もそうだが、少なからぬ人々が国際連盟脱退など必要なかったと考えている。にも拘らず、日本は脱退した。脱退して帰国した松岡洋右《ようすけ》はまるで英雄のように迎えられた。世論という熱狂のこわさである。

その松岡が結んだ日独伊三国同盟について、昭和天皇が述べておられる。

「結局私は賛成したが、決して満足して賛成した訳ではない」

当時、米内光政《よないみつまさ》、山本五十六《いそろく》、井上成美《しげよし》ら海軍の重鎮をはじめ、アメリカの実力と欧州の事情を知っている人々ほど三国同盟には強く反対した。しかし、昭和15年9月7日にナチスドイツ政府の特使が来日し、三国同盟はわずか9日後の16日に閣議決定された。余りにも性急な展開は、わが国にじっくり考え抜いた戦略が欠落していることの具体例ではないか。

この間にも天皇は複数回、同盟に反対の意向を示しておられた。近衛《このえ》文麿《ふみまろ》首相に語ったお言葉として、「ドイツやイタリアのごとき国家と、このような緊密な同盟を結ばねばならぬことで、この国の前途はやはり心配である。私の代はよろしいが、私の子孫の代が思いやられる。本当に大丈夫なのか」というものがある。

御自身の思いとは異なる方向に日本国が進むのを眼前にしながら、「君臨すれども統治せず」、立憲君主国の元首の精神で介入はなさらない。どれ程の自制心が必要であろうか。凡人には到底、できないことだ。

昭和16年9月6日、御前会議が開かれ日本はいずれアメリカと戦争するのか否《いな》か、極めて重大な方針を決めることになった。外交よりも戦争に重点を置くかのような統《とう》帥《すいぶ》部の案について、昭和天皇は「統帥部が何等答えないのは甚だ遺憾」とし、明治天皇の御製を読み上げられた。

「四方《よも》の海　みなはらからと　思う世に　など波風の　立ちさわぐらむ」

米国と戦ってはならない、平和を求めよという御心である。しかし首相近衛は天皇の平和意図を実行しなかった。

遂《つい》に開戦した翌年の昭和17年4月、日本政府はローマ法王庁との親善強化のため、特命全権公使として原田健を特派した。昭和天皇は「之は私の発意である」と語っておられる。

「私は『ローマ』法皇庁と連絡のある事が、戦の終結時期に於《おい》て好都合なるべき事、又世界の情報蒐集《しゅうしゅう》の上にも便宜あること並《ならび》に『ローマ』法皇庁の全世界に及ぼす精神的支配力の強大なること等を考えて、東条に公使派遣方を要望した次第である」

開戦と同時に如何に戦いを終了させるか、を考え準備するのが戦争の常道であるとはいえ、そうした戦略が欠落していたからこそ、日本はあの大東亜戦争で敗れた。当時のことについて天皇は「平和論は少くて苦しかった」と述懐しておられる。

日本の勁《つよ》さと美しさ

そして開戦から75年後のいま、日本は正反対の国になったのだろうか。平和を守ることの大切さは当然だが、誰もが自らを守ることについて非常に後ろ向きである。かつて戦いを前面に押し出しすぎていたとしたら、現在はその対極にある。世相がすっかり変わった平成のいま、ご譲位に関するものであれ、その他のことであれ、お言葉が引き起こすであろう大きな波紋について考えざるを得ない。

昭和天皇同様、否、それ以上に厳しく御自身を律してこられた今上陛下のお言葉を、緊張して待つこの思いは日本人だからだろうか。

もう1冊勧めたいのは、これまた新刊本ではない。磯田道史氏の『無私の日本人』（文春文庫）である。磯田氏の書には「これは夢ではないか」と思う程、美しくもひたむきな日本人の物語3篇が記されている。いずれも実話である。江戸時代に生きた人々の、実際の姿である。

これらの物語をつなぐ共通の糸は、自らを無にして他者のために生きるという価値観である。いま、この書がとりわけ心にしみる。その理由は国際社会の枠組みが大変化を来《きた》し、各国の自力が試されているからだろうか。日本の勁さと美しさの源泉を、この2冊が教えてくれる気がする。

（2016年8月11日・18日号）

中国の軍事力を過小評価するな

中国の対日政策がますます強硬になっている。２０１６年8月3日以降連日、これまでに例のないほど多数の海警局の公船が漁船群と共に、尖閣諸島の接続水域だけでなく領海をも侵犯し始めた。８日には公船は15隻《せき》に増え、内、少なくとも7隻は機関砲などで武装していた。15隻中3隻がわが国の領海を侵犯した。一方、漁船は２３０隻、延べで43隻が領海を侵犯した。

五星紅旗を翻《ひるがえ》して尖閣の青い海をわが物顔に航行する中国の振舞いは、明らかに尖閣が新たな危機を迎えたことを示している。

記憶に新しいのは6月9日、尖閣諸島の接続水域に初めて中国軍艦が侵入したことだ。同月15日には鹿児島県口永良部島《くちのえらぶじま》の西の領海にも初めて軍艦が侵入した。

7月31日から8月4日までの5日間、中国は東シナ海の広大な海域を禁漁区に指定して、軍艦１００隻以上、戦闘機数十機を動員して実弾演習も実施した。

中国の対日攻勢は海上だけに限らない。16年5月下旬以降、中国軍戦闘機が尖閣上空の空域に複数回にわたって接近し、領空約50キロに迫った。緊急発進（スクランブル）した自衛隊機に中国軍戦闘機は攻撃動作を仕掛け、尖閣の空は尋常ならざる緊迫感に包まれた。東シナ海には明らかにこれまでとは異なる状況が出現しているのである。

これに対して日本政府の対応はどうか。8月9日には岸田文雄外相が中国の程永華《ていえいか》大使を外務省に呼び出し抗議したが、程大使は中国漁船は尖閣の海で大漁だったなどと語っている。中国側の反応は「のらりくらり」であり、日本政府が殆ど2時間おきに抗議の電話をかけても、程大使が電話に出ないことさえあった。

一連の動きの中国の意図は何か。まず、現時点で尖閣諸島海域への侵入が人民解放軍海軍の動きと必ずしも連動していない点をしっかり見ておくべきだ。

サラミ戦術

南シナ海の事例は、わが国が東シナ海で直面する次の危機が、漁民を装《よそお》った民兵の不法上陸であることを示している。偽装漁民の上陸に対処するのは、海上保安庁である。海保の手に余るときには、日本側は海上警備行動もしくは治安出動などで海上自衛隊を派遣せざるを得ないが、そこに至らずして事態をおさめることが重要である。中国は日本に先に自衛隊を出動させて、これを非難し、仕方なしに対日軍事行動に出るという形を作りたいからだ。

参院議員の佐藤正久氏は中国の動きから2つの意図が読みとれると語る。まず、9月4日から始まる20か国首脳会議（G20サミット）を念頭に置いた対日警告だ。

「G20は杭州、つまり上海南方の尖閣から近い場所で開催されます。習主席は同会議を成功させなければならず、日本がG20で南シナ海問題を持ち出して中国に恥をかかせたりすることを強く警戒しています。そのようなことをさせないための日本牽制《けんせい》の示威行動でしょう」

もうひとつの意図は、習主席の基盤固めだと、氏は分析する。ハーグの常設仲裁裁判所でフィリピンに敗訴した世紀の失態や、失速する中国経済への批判を抑え、不満を外にそらすための対日牽制行動だというのだ。

中国政府が最も恐れる国内世論の暴発を回避するために、日本を叩《たた》くのは常套《じょうとう》手段だ。が、尖閣問題で中国が暴走すれば日本のみならずアメリカをも相手にすることになる。

だが、オバマ政権下のアメリカは南シナ海問題も東シナ海問題も、軍事力よりもまず、話し合いで解決しようという消極的姿勢である。加えて大統領選挙真《ま》っ只中《ただなか》のアメリカは、中国の動きに対応しにくい状況にある。そのような状況が、中国を尖閣上陸に踏み切らせる可能性はあるか。

佐藤氏は、否定的だ。

「上陸すれば、事は簡単にはおさまりません。日本は極限まで軍事行動を控えるでしょうが、かといって、島の簒奪《さんだつ》を許すことは絶対にありません。状況次第では、島の争奪戦が始まります。即《すなわ》ち中国が日米両軍を相手にするということです。相当な覚悟が必要で、彼らも踏み出せない。少なくともまだ、彼らにそれだけの力はないと思います」

一方、中国の力は、目立つ場合も目立たない場合も含めて着実に伸びている。東シナ海の日中中間線に沿って、彼らはこの約3年間に12基の新たな海洋プラットホームを築いた。その内のひとつ、第12基は、15年6月には土台だけしかできていなかったのが、現在、プラットホームが完成し、水上レーダーと赤外線暗視装置が据えつけられた。

元防衛庁情報本部長の太田文雄氏が解説した。

「中国のサラミ戦術そのものです。最初は目立たない水上レーダーを設置して、大したことはないと安心させ、次に対空レーダーや海底レーダーといった強力なレーダーを加えていくと思います。種々のレーダーを東シナ海の日中中間線に設置することで、彼らは米軍の動きを封じることができるようになります」

対日前線基地

上海のはるか南方にグアムがある。米軍は有事の際、対中海上封鎖作戦の一環として、グアムから北上し、上海の湾口に機雷を撒《ま》く可能性がある。中国はそれを阻止するひとつの方法として対潜水艦バリアを構築するだろう。その際に、いま、中国が目立たない形で据えつけた各種レーダーが役立つ。中国がわが国の眼前に作った中間線沿いの海洋プラットホームも、そのときは完全に軍事転用され、対日前線基地に様変わりする。このような事態を許したこと自体が日本外交の大失敗である。

中国の軍拡の実態が如何に深刻な脅威をもたらすか、太田氏が指摘した。中国は第4世代の最新鋭戦闘機で10個飛行隊分に相当する300機をわずか3年で製造し、15年段階で日本の293機に対して731機を数えた。そして、この1年でさらに80機増やして810機になった。中国は2020年の東京オリンピックまでに海軍主要艦を270〜280隻は持つだろう。世界最大規模のアメリカ海軍の保有する280隻に並ぶことになる。潜水艦では、わが国は現在16隻、20年までに22隻に増やすが、中国はいまの71隻を20年までに100隻にする。

無論、日本はアメリカと力を合わせるため、日中の単純比較だけでは意味をなさない。しかし、たとえば尖閣防衛と密接につながる台湾防衛に関して、日米が活用できる基地は沖縄の嘉手納《かでな》1か所だ。他方中国は、台湾向けに出動できる基地をすでに39か所確保済みだ。しかも内16基地は、わずかこの5年間で作り上げた。

中国の軍事力の過小評価は間違いである。私たちは容易ならざる事態に直面しているのであり、憲法改正など、今すぐ手を打たなければ日本は生き残れない。そのことを繰り返し強調して、日本人への警告としたい。

（2016年8月25日号）

第5章　歴史を正しく知れば何も怖くはない

元自衛官が問う、「守るべき国とは何か」

伊藤祐靖《すけやす》氏の『国のために死ねるか　自衛隊「特殊部隊」創設者の思想と行動』（文春新書）を読んで、涙が出た。

本書で伊藤氏は、国民を守り国を守るとは何かを問いつつ、国とは何か、日本とは何かと問うている。命を懸けて必死に問うている。自力で国を守るという基本を忘れさせられ、その状況に慣れてしまった、現在の日本の壮大な喪失に、全力で異議を唱えている。

氏はかつて海上自衛隊に属し、防衛大学校で指導教官を務めた。イージス艦「みょうこう」の航海長当時、能登半島沖で北朝鮮の工作船を追尾し、戦後初の海上警備行動発令を受けて、工作船に対峙《たいじ》した。

氏が著書の第一章で描いたのは、1999年3月の海上警備行動発令に至る状況と、発令後に氏を含めた自衛官が展開した戦いの実相である。

数百隻《せき》の漁船群の中からようやく見つけた北朝鮮の船の後方に一定距離を保ちつつ、つけると、観音開きの船尾が目に飛び込んできた。そのとき氏の脳裡《のうり》には、「扉の中へ、無理矢理引きずり込まれる日本人の姿が浮かんだ」そうだ。

「このやろう、拉致《らち》船じゃねえか！」、「血液が逆流するような」激しい感情がわき起こったと、振りかえっている。

だが、その感情は、同じ現場で工作船を追尾した海上保安庁の巡視船が「燃料に不安があるため、これにて新潟に帰投致します」とのメッセージを残して新潟港へと反転したとき、「血液が沸騰《ふっとう》しそう」な怒りに変わる。

憤死する程のこの怒りは、しかし、海保というより、現在の日本国の国防の根幹、信じ難くも空疎《くうそ》な、アメリカ頼みの実態に向けられたものであろう。拉致された日本人が船尾に閉じ込められているかもしれないとき、最後まで追うこともなく、臨検することもなく、なぜ、海保は港に帰らざるを得ないのか。否《いな》、帰るのか。

海上警備行動が発令されない限り、海保が去った後の暗い海で自衛官にできることは、事実上、何もない。自衛官には警察官職務執行法も適用されず、工作船に乗り込む権限も、工作員逮捕の権限もない。闇《やみ》深い海で海自にできるのは、ひたすら工作船を追い続けることだけだ。

漫画本を腹に巻き

尖閣諸島の海を侵す中国船に対しても同じである。眼前で中国漁民が尖閣諸島に上陸しても、彼らが攻撃してこない限り、ただ見守ることしかできない。これでは国土防衛などできない。

他方、海保には、誰何《すいか》し、臨検し、阻止する警察権限が与えられている。それでも装備において北朝鮮の工作船や中国の偽装漁船にかなわない。船体に白いペンキを塗っている中国船も、漁船に偽装している北朝鮮船も、実際は軍艦であり、工作船だ。乗組員は、軍事訓練を重ねた練達の強者《つわもの》であろう。彼らと海保は「任務が違う」のである。海保に工作船対処を任せること自体、国防の基本が間違っているのである。

99年3月の夜の海に話を戻そう。海保が去り、海自の「みょうこう」が単独で工作船を追う展開となった。ひたすら工作母船を追う。工作船と一定の距離を保ち、30ノットを超える速さで走る。「あと二時間もすれば、月も沈み、星明かりだけの闇となる」その海で、ただ追跡するだけの海自の船。伊藤氏がやり切れない気持でいたとき副長の艦内放送が流れてきたという。

「達する。現在、官邸内において、海上警備行動の発令に関する審議がなされている。

発令されれば、本艦は、警告射撃及び立入検査を実施する。以上」

「そんな決定を政府が下すわけはない」と反射的に思ったと、伊藤氏は告白する。

「日本の腰抜け政治家にできるわけがない。海上警備行動ということは、俺たち自衛官に警察官職務執行法の権限を与えるということだぞ。自衛隊発足以来、一回もないんだぞ。発令するわけがない」

だが、突然警報が鳴った。

「カーン、カーン、カーン、カーン」

総員戦闘配置の合図である。再び副長の声が流れた。

「海上警備行動が発令された。総員、戦闘配置につけ。準備でき次第、警告射撃を行う」

艦内は蜂《はち》の巣を突いたどころではない騒ぎになった。

こうして「みょうこう」は数限りない砲弾を、工作船本体を外して船の前後左右に撃ち込み始めたのだ。「みょうこう」は最新鋭のイージス艦である。砲に装塡《そうてん》しているのは炸裂弾《さくれつだん》だ。命中させれば工作船はひとたまりもなく破壊される。乗組員も、とらわれているかもしれない日本人も命はない。従って、当たるように作っている武器システムに調整を加えてあえて的を外した。

艦長は命じた。

「初弾、弾着点、後方二〇〇《ふたひゃく》」。工作船後方200メートルの海に撃ち込めという命令だ。「うちーかた、はじめー」「間もなく弾着。だーんちゃく」

工作母船の付近に火柱が上がり、巨大な水柱が立った。けれど工作船は怯《ひる》まない。止まらない。前後左右に撃ち込んでも工作船は全く速度を落とさない。

遂に「みょうこう」艦長が指令を出した。

「苗頭正中《びょうどうせいちゅう》、遠五〇《えんごじゅう》」——最大限の危機である。その緊張感には息を呑《の》むが、この最大の山場の詳細は本書に譲る。

「みょうこう」で息詰まるやり取りが交わされていた時、不意に工作船が止まった。エンジン故障である。伊藤氏らはどう行動したか。

私は1年程前、この場面に関して伊藤氏に電話で取材をしている。遂《つい》に止まった工作船に、臨検のため乗り移ろうとしたときの状況を聞いたのだ。防弾チョッキも備えていない「みょうこう」で、自衛隊員は撃たれたときに備えて漫画本を腹に巻いた。だがそこに至る過程で、隊員たちが見せた不安について、深く考えさせられる話が、本書には書かれている。若い隊員が航海長の氏に尋ねたのだ。闇夜の海で、手旗信号係りの自分が出動する意味はあるのか、と。氏は明確に答えた。

「今、日本は国家として意志を示そうとしている。あの船には、拉致された日本人のいる可能性がある。国家は、その人たちを何が何でも取り返そうとしている。だから、我々が行く」「その時のために自衛官の生命は存在する」

「ですよね、そうですよね。判《わか》りました」と、若い隊員。

10分後に再集合した彼らは前述のように部厚い漫画本を体に巻きつけたりしていた。だが表情からは暗い不安が消えさり、どこか余裕さえ感じさせたという。

彼らは乗り移ったが最後、凄《すさ》まじい戦闘に直面する。戦闘経験のない彼らが、工作員を制圧する可能性は限りなく低い。たとえ自衛隊側優勢で戦っても、工作船は最後は自爆する。船倉にとらえられているかもしれない拉致被害者を含めて、全員の死は避けられない。任務完遂の可能性はゼロだと、氏は考えた。

誇りある軍人

彼らを行かせたくない、国民を守るとはどういうことか、国防とは一体どういうことか、その実態を理解していない政治家たちの命令で、若い隊員を行かせたくない。伊藤氏の葛藤《かっとう》を他所《よそ》に隊員たちはわずかな時間の中で心を整理し、公《おおやけ》への奉仕を信じて自分の死を受け入れる覚悟をした。

だがこんなことは間違っていると、伊藤氏は、繰り返す。「私」を捨てた若者を賛美するだけでは、日本人は過去の歴史から何も学んでいないことになる。氏はこの局面で、日本に欠けているものに気づく。厳しい訓練を経て心身を鍛え抜いた、自覚した部隊の存在である。そのような人々を誇りある軍人としてきちんと位置づける国防の精神である。

結論からいえば、決死の覚悟をした隊員たちが工作船に乗り移ろうとしたその瞬間、工作船は修理が終わったのか、猛スピードで北朝鮮の領海へと逃れていった。任務完遂の可能性ゼロの、絶体絶命の淵《ふち》から隊員たちが戻ってきた瞬間である。

能登半島沖での事件の反省から、日本政府は自衛隊に特殊部隊を創設することを決めた。伊藤氏はその準備室勤務となった。創設に当たって、日本政府は米海軍特殊部隊（SEALs）から学ぶことも考えたが、米国側が秘密保全を理由に断った。

伊藤氏は語る。「国家理念も、戦術思想も、国民性もまるで違う他国の部隊にそのまま使えるものなどあるわけがない」と。

結果として日本は日本なりの特殊部隊の創設へと踏み出した。だが、7年後、まだ真の意味での特殊部隊創隊には至っていない段階で、氏は異動を命じられた。それを機に防衛省を去った氏のその後の歩みは、日本人離れの一言に尽きる。心も肉体も、現在まで特殊部隊員として生きる伊藤氏の体験と、国防の本質を、衆参両院で圧倒的多数を獲得した与党政治家に知ってほしいと思う。

（2016年9月1日号）

膨張主義の裏にある中国人のコンプレックスを理解せよ

意外なことに中国人には強い被害感情がある。彼らは度々、「奪われた」と語る。力をつけたいまは取り戻す時期だと主張する。深層心理に澱《おり》のように蓄積している強い被害者意識が、中国を反撃としての膨張主義に駆り立てる。習近平国家主席の「偉大なる中華民族の復興」を支える基盤にも同様の要素がある。

中国人の心理を文化人類学者の楊海英氏は「コンプレックス」だと分析する。コンプレックスの塊りとしての心理を歴史的背景の中でとらえることなしには、現在の中国の行動を理解することはできないというのである。

楊氏の近著、『逆転の大中国史　ユーラシアの視点から』（文藝春秋）はその意味で中国理解の刮目《かつもく》すべき手掛かりとなるだろう。南モンゴルで生まれ、中華世界で成人し、中華思想の下で教育された氏の「少数民族」の論考は、自身の体験、モンゴル民族としての体験、文化人類学者としての幅広いフィールドワークに加えて、先人の研究に学んだ知見に裏打ちされており、強い説得力をもつ。

氏は著書で断じている。

「コンプレックスに囚《とら》われすぎているために、中国はいつまでたってもきちんと近代とむきあい、自分のものとすることができない」「この劣等感は、われわれ（日本人やモンゴル人）が想像する以上に根深い」

政策から外交姿勢まで含めて、全身で中華思想を発信しているのが習主席だ。だがこの中華思想こそ、事実を見る際の彼らの目を曇らせている。アヘン戦争以降の清朝の没落も、近代における日本の台頭も、すべて「漢民族が諸民族をリードし、一致団結して抵抗したことによって、日本帝国主義と西洋列強をしりぞけた」「悪いのはみんな外国だ」という話にしてしまう。そうすれば、自らの敗北を省みる苦痛は回避できるが、歴史から何も学べずに終わる。

彼らは真に歴史を見詰めることもなく、中国中心の心地よい物語にどっぷり浸《つか》って満足し、中国人の論理を「自他の見境も」なく押しつける。これが中華思想の本質である。

歴史の復讐《ふくしゅう》

彼らが華々しく世界に提唱したアジアインフラ投資銀行（ＡＩＩＢ）も「一帯一路」の経済発展構想も、アフリカ諸国への年来の巨額融資も中華思想にその根源を発するものだが、一連の働きかけで中国が真に国際社会に向かって開かれ、諸国に歓迎される国になるかといえば、決してそうではない。中華思想はむしろ、彼らの足かせになっている。古代以降、歴史の中に中国を置いて見れば、自己中心史観の中国は常に世界との相性が悪かった。これからの彼らは必ず「歴史に復讐され」ずには済まないだろうというのが、楊氏の結論である。

では中国とは一体何か。漢民族とは一体誰か。この点を、氏はユーラシア大陸全体を眺めて詰めていく。本書冒頭の『シナ＝中国』と『ユーラシア東部』の国家の変《へん》遷《せん》表」が雄弁に「中国」、正しくは「シナ」の実態を示している。

紀元前21世紀から400年余りシナに君臨した「夏」から始まり、私たちが暗記させられた「殷、周、秦、漢、三国、南北朝、隋、唐、宋、元、明、清」などという中国王朝のつながりの中で、漢民族の王朝は前漢・後漢の405年間と明の276年で計681年にすぎない、宋はシナを部分的に支配した地方政権にすぎないというのが、氏の指摘だ。

「中国5000年の歴史」或《あ》るいは「4000年の歴史」と言うが、それは決して漢民族の歴史とイコールではなく、「古い漢人（プロトシナ人）」は184年の黄巾《こうきん》の乱でほぼ消滅したというのである。

では、私たちが漢民族と呼ぶ人たちの正体は一体誰か。そもそも漢民族は自らを「民族」とはとらえず、「漢人」だと表現するという。自らを「漢民族」ととらえない理由は、彼らには国家や共同体の概念が非常に希薄だからであり、それが国家と民族がほぼ同一の日本もしくは日本人との大きな相違であるとの氏の指摘は非常に重要である。

また漢人にはユダヤの人々のような宗教による絆《きずな》もない。楊氏に言わせれば、「中国語」さえ漢人の共通語ではない。現在の中国語は1919年の「五四運動」で起きた言文一致運動の中で、北京語が標準語とされ、それを中国語と呼んでいるだけで、中国語、即《すなわ》ち北京語が漢人をつなぐ共通の要素ではないというのだ。

国家、共同体、民族、宗教、言語のいずれも、漢人の漢人たる共通基盤ではない中で、限りなくバラバラになりがちな彼らをひとまとめにする強力な共通項となったのが漢字だった、と見るのは楊氏だけではない。だが漢字を用いる言語体系で、ようやくひとつのまとまりとなり得ても、そこから国家や共同体の概念に基づく社会が生まれるわけではない。現代中国人が共産党支配の下で個人の利益を国家の命運に優先させ、全《すべ》てをカネで決めるかのような行動様式を取りがちな理由もここにあるのではないか。

一方で漢民族が支配した歴史がわずか700年にも満たない事実を踏まえて、「シナ」が生み出した輝ける文化の創造主を探してみると意外な事実が判明する。

「横に分ける」

シナの優れた文化といえば、日本人は恐らく唐を思い浮かべる。わが国は遣唐使を派遣して、彼らから大いに学んだ。現代中国でも一時期「唐王李世民《りせいみん》」というドラマが大人気で、「唐は漢民族の歴史で最も華やかな時代」と国民に教育されていた。しかし、近年の歴史研究によって、唐は漢人ではなく「鮮卑《せんぴ》拓跋《たくばつ》人」が樹立した王朝であることが証明され、その事実が知れ渡るに従って、中国共産党は唐を褒めそやさなくなったそうだ。シナの歴史で唐の次に華やかな時代は元であったが、元はモンゴル人の王朝だ。結局、現代中国人には漢民族による、誇るに足る輝かしい歴史は存在しないと、楊氏は結論づける。

氏の著書で私が最も啓発されたのはユーラシア大陸を「横に分ける」という視点である。日本の研究者がカザフスタンやキルギスタン、パミール高原、天山山脈とアルタイ山脈、サヤン山脈をつなぐ線を軸にユーラシア大陸を縦に分けて考えがち（どうぞ、地図を見てほしい）なのに対して、モンゴル人、ロシア人、中国人は横に分けて考えるというのだ。

横の境界線の第一が古代シナ人の作った万里の長城である。万里の長城から北極圏までと、万里の長城から西のヒマラヤ山脈、イラン高原、さらに黒海南岸をつなぐ横の線で分割して思考するというのである。非常に斬新《ざんしん》かつ示唆《しさ》に富む指摘ではないか。

いま大きく動く世界の中で、日本は間違いなく正念場にさしかかっている。勝負の し所は、中国との向き合い方、中国に優る日本の価値観を以《もっ》てどこまで世界への貢献を具体化していけるかである。中国の実態をよりよく知り、己を知るためにも、楊氏の著書は必読であろう。

（2016年9月8日号）

【追記】

世界を広く見渡すのに、小さいものでよいから、地球儀がひとつ手元にあるととても役に立つ。ご家族で地球儀をクルクル回しながら、世界を横に分けて眺めてみるのが、世界を理解する第一歩かもしれないと、思う。

オバマ政権が対中国政策で残した負の遺産

２０１６年9月4日、５日に開催された中国浙江省杭州でのG20（主要20か国・地域）首脳会議、続いて6日から開催されているラオスでの東南アジア諸国連合（ASEAN）首脳会議は、オバマ政権の8年間の失策を、残酷なまでに描き出した。西側社会の価値観に挑戦し続ける中国は、南シナ海問題に関する自身への非難を封じ込めながら、飽くまでも貪欲《どんよく》に自らの道を進む姿勢を明確にした。異質の国の中国の蛮行も野望も、オバマ大統領は阻《はば》めなかった。

中国問題のみならず、ロシア問題もシリア問題も解決できないまま、オバマ大統領はあと4か月で世界の表舞台から去る。彼の不作為がアメリカの指導力を陰らせ、来たるべき数年で嵐《あらし》のような世界秩序の大変化が起きることが予想される。歴史は一瞬にして変わるが、そのような場面に、私たちは遭遇しかねない。

中国は01年、WTOに加盟して以来、開かれた自由市場でどの国よりも市場経済の恩恵を受けてきた。西側社会は、中国が資本主義経済の体験を積み重ねることでより開かれた国となり、公正な競争原理を身につけると期待した。

しかし、その期待は悉《ことごと》く裏切られている。08年のリーマンショックをきっかけに創設されたG20の、16年の最大の課題は、各国が協調して経済成長を促し、世界経済に負の影響を及ぼす事柄を正すことだった。典型例が中国の過剰な鉄鋼生産である。

市場経済の実態からかけはなれた、国有企業中心の体制下で、彼らは15年段階で8億トン、全世界の生産量の約半分もの鉄鋼を作り、過剰在庫を安値で世界にバラまいている。日本を含めた市場経済諸国に不況と失業を輸出しつつある。

G20はこのような過剰生産を規制するために情報共有の仕組みを作ることになったが、それが機能する保証はない。なぜなら中国は自分たちが輸出を減らせば他国がその分を埋め合わせると考え、中国の損失につながる輸出規制をするとは考えにくいからだ。

南シナ海の運命

日米が警戒するもうひとつの中国主導の枠組みがＡＩＩＢ（アジアインフラ投資銀行）である。政治に傾きすぎることや運営の不透明さゆえに、オバマ政権は各国に不

カナダまで加盟を決めた。だがEU諸国が一斉に参加し、G20開催直前にはアメリカの足下のカナダまで加盟を決めた。オバマ大統領、つまりアメリカの発言力はここまで弱まっているのである。

米中首脳会談はG20に先立つ3日夜に、4時間にわたって行われ、オバマ大統領は南シナ海問題で、ハーグの常設仲裁裁判所の判断を尊重すべきだと強く求めた。安倍晋三首相も東シナ海、南シナ海問題について「日本の立場を率直に、明確に伝えた」と語った。外交の場で口にする言葉としては強い表現である。

だが現実は、酷《ひど》いことになっていた。フィリピンのドゥテルテ大統領が2日、中国がスカボロー礁《しょう》に8隻の船を出していたことを明らかにしたのである。中国の公然たる挑戦だ。

中国が展開した8隻の内訳は海警局の公船4隻、平底の荷船（バージ）が2隻、部隊要員運搬用と見られる船2隻である。フィリピンのロレンザーナ国防相は平底船の展開は中国の浚渫《しゅんせつ》、埋め立て、（軍事施設）建造につながる。なぜ、このように多数の船がスカボロー礁に集結しているのか説明せよと、中国側に迫った。

スカボロー礁は南シナ海の要衝である。台湾に近く、かつてアメリカ海軍基地があったスービック湾から120マイル（約200キロ）の距離だ。中国がここを押さえて、パラセル、スプラトリー両諸島と結べば南シナ海の制空権をとれる。制海権は制空権にくっついてくる。アメリカは、スカボロー礁に中国が手をかければ見逃さないと言ってきた。そこにいま8隻が集結しているのである。では、オバマ大統領は軍の展開に踏み切れるか。踏み切れないのである。中国が米中首脳会談に8隻の船の展開をぶつけたのは、オバマ大統領を見切っていたからではないか。

アメリカの不決断が南シナ海の運命を決定づける。その中でドゥテルテ大統領というユニークな存在が、南シナ海情勢を中国有利にする危険性もある。ラオスでのASEAN首脳会議の場で、米比首脳会談開催が予定されていたが、ドゥテルテ大統領の暴言問題で再調整される。米比関係の揺らぎもまた、オバマ大統領の決断力のなさが遠因といえる。

オバマ大統領は中国を牽制《けんせい》できず、フィリピンとの協調関係も揺らぎ、さらに日本と共に打ち立てるはずの国際力学の新機軸、TPP（環太平洋戦略的経済連携協定）も議会の承認を得られるかどうか不透明である。

戦後70年余り、国防も外交も基本的にアメリカ頼みだった日本に、アメリカの影響力の低下が、いま全く新しいアプローチを取るよう迫っている。

国民と共に考える

尖閣諸島周辺の海では、9月に入って毎日、中国の公船が侵入を繰り返し、これまで3隻だった公船が4隻になった。

中国は尖閣だけを奪う戦略から、第1列島線を奪い、第2列島線までを中国の海とし、米国の接近を拒否する構えにシフトしているとも言われる。それに対してアメリカはいち早く空母を派遣し、主導権をとり、中国本土を叩いてくれると日本は考えてきた。それが米戦略のエアシー・バトル（ASB）だと、少なくとも日本はとらえてきた。

ASBはアメリカの核抑止力が有効であることを前提に、通常戦力による軍事バランスを維持して紛争を抑止し、長期戦で中国の国力を疲弊させ、終戦に導く戦略だ。だが、明らかに米軍の作戦は変化し、彼らは後退しつつある。中国にミサイル発射の徴候が確認されれば、米空母も海・空軍も第2列島線の東側に退き、眼前の敵には日本が立ち向かう構図に、現在なっているのではないか。

であれば、日本の防衛の根本的見直しが必要である。自衛隊は装備も隊員も圧倒的に不足している。憲法も自衛隊法も専守防衛の精神にどっぷり浸り、自衛隊の行動と攻撃能力は厳しく制限されている。これでは日本は守れない。

オバマ政権も日本も手をこまねいた結果、中国は多くの分野で優位性を手にした。2020年の東京オリンピックまでに日中の軍事力の差は1対5に拡大する。中国圧倒的有利の状況が生まれるのだ。

このような危険な状況に日本が直面していることを国民に率直に伝えるのが政府の役割である。中国の攻撃力、その膨張の意志の凄まじさを共有できれば、国民は必ず賢く判断する。

国民と共に考える状況を作り、そのうえで、恐らく誰よりも一番戦争を回避したいと念じている自衛隊制服組の声に耳を傾けることが大事だ。戦争回避のために必要だと、彼らが考える防衛装備と人員を整え、防衛予算を倍増する程の大規模改革を急ぐときだ。

（2016年9月15日号）

【追記】

フィリピンのドゥテルテ大統領は2016年9月5日の記者会見で、翌6日午後に予定されていた米比首脳会談について、オバマ大統領にどう対応するのかを質問された。質問の背景に、ドゥテルテ政権の下で麻薬密売人らが法的手続きもなしに、多数射殺される事態が起きていること、それをドゥテルテ大統領が黙認していることなどを、オバマ大統領が懸念《けねん》して、人権問題として首脳会談で提起しようとしていたことがある。

オバマ大統領の姿勢に反発したドゥテルテ大統領は前述の記者会見での質問に「(オバマ大統領は)私に敬意を払わなくてはいけない」「お前の母親は売春婦だ」とののしった。オバマ大統領もアメリカ政府もドゥテルテ発言に不快感を示して、首脳会談は延期された。

その後、オバマ大統領が政権を去るまで、両首脳は会っていない。

映画「鬼郷《クイヒャン》」に見る韓国反日感情の虚構

日本人と韓国人を知り尽している呉善花《オソンファ》氏に、韓国の反日の現状について聞いた。2016年9月9日の「言論テレビ」で映像を示しながら氏が解説した内容は、今更ながら日韓関係の難しさを痛感させるものだった。

安倍晋三首相と朴槿恵《パククネ》大統領の関係を見れば、日韓関係はいま、かつてないほど良好だ。両首脳は先週、ラオスのビエンチャンで会談したが、雰囲気は友好的で、北朝鮮や中国の脅威に対して、協力し合う認識を共有していた。

だが、呉氏は、安倍首相とよい関係を築いた朴大統領ではあるが、すでに「殆《ほとん》ど力を失っているために、大統領の考える前向きの対日政策は実現されない」と断言する。

韓国国会の全300議席中、与党セヌリ党が占めるのは126議席で、辛うじて第一党を維持している。野党が多数を占めるのに加えて、韓国国会では在籍議員の60%以上の賛成がなければ与野党が対立する法案を本会議に上呈できない。朴大統領の対日政策が韓国国会の支持を得て、国民も支持する現実の政策にはなりにくいという呉氏の指摘には、確かに根拠があるのである。

それだけでなく、韓国国民の対日感情を悪化させる要因があると、呉氏は警告する。

いま大ヒット中の映画「鬼郷」が一例だ。

「これは慰安婦の映画です。2月の封切りから10日間で200万人が、6月までに350万人が見ました」

韓国の総人口、約5100万人の内、7％が見たことになる。ヒット作ではあるが、内容は形容し難いほどデタラメだ。呉氏の説明である。

「戦時中に日本軍が朝鮮の田舎にやってきて、父親が仕事に出かけ、留守番をしていた14歳の少女を無理矢理連行しようとします。少女はもの凄《すご》く抵抗したけれど、日本兵の力にはかなわず、連行されてしまう。連行先には同じような13歳、14歳の少女が沢山集められていて、その日から多くの日本兵の相手をさせられる、という筋書きです」

女神のような存在

「朝日新聞」が虚偽だったと認めて全面的に取り消した吉田清治氏の捏造《ねつぞう》物語のよう

な話が映画になったのだ。強制連行だけでもあり得ないが、映画はさらにあり得ない話を、史実であるかのように描いている。

「毎日、性の労働を強いられる少女たちは脱走を試みたり、病気になったりします。そうした少女たちを、日本兵は大きい穴の縁に座らせ一斉に銃殺して穴に放り投げる。または生きたまま穴に突き落として、ガソリンをかけて、焼死させるという内容です」と、呉氏。

荒唐無稽《こうとうむけい》も甚だしいこの映画に、幾百万の韓国人が足を運ぶのは、なぜか。呉氏が解説した。

「要因のひとつが政治的背景です。ソウル市長の朴元淳《パクウォンスン》氏が、これは年寄りから子供まで韓国人全員が見るべきだと推奨しています。老人ホームや小、中学校から団体で見に行く事例もあります。映画館が足りなくなって、市の公会堂などを活用して、上映会が開かれています」

説明を聞きながら、『中国人慰安婦』という本が脳裡に浮かんだ。上海師範大学・中国慰安婦問題研究センターの蘇智良教授らが書き、オックスフォード大学出版の協力を得て上梓《じょうし》された書である。これもデタラメな内容だが、同書の序文に登場する慰安婦の話は、日本軍が中国の田舎にやってきて、父親が働きに出て、留守を守っていた15歳の少女を力尽くで連行し、その日の夜から性労働を強制したという内容で、「鬼郷」の筋書きとそっくりだ。

いま、国際社会で展開中の反日歴史戦で主要な役割を果たしているのは中国だ。韓国は中国のいわば指導を受けている状況だといってよい。その構図が「鬼郷」にも見てとれる。中韓両国が捏造の歴史戦で日本を叩《たた》き続けているのである。呉氏が警告した。

「日本人は強制連行の証拠はない、と言います。韓国にも日本人と同じことを言う落ち着いた研究者がいます。韓国の年輩者で、当時のことを知っている人たちの中にも、強制などなかったと分かっている人たちは多くいます。しかし、そんなことを言ったり書いたりすると、社会的に本当に酷い目にあいます。それで皆、口を噤《つぐ》みます。その間にこんな映画が製作されてしまうのです」

ネットには映画への感想が溢《あふ》れているそうだ。

「初めて真実を知った、今まで隠されてきた真実を知らせてもらった、涙が溢れてしようがなかった、などという感想ばかりです。真実を語る声が封じ込まれ、映画を真実だと思い込む人たちが増える。日韓両国にとって不幸なことです。こうした流れの中で、不思議なことが起きています」

不思議なことには、韓国内で50以上も作られつつあるという慰安婦像や慰安婦のイメージが「もの凄く美しく作られ始めている」のだそうだ。

「少女はまるでモデルのように美しく描かれ、女神のような存在としてあがめられつつあります。そこに新しい物語が生まれ、韓国の世論は燃えに燃えていく。韓国社会は情緒社会です。日本人がいくら理性で話そうとしても通用しません」

強制労働の島

反日世論を守《も》り立てる映画はこれだけではない。

「軍艦島の映画も製作中です。日本による徴用工・強制連行と強制労働の話です」と呉氏。

軍艦島のユネスコ世界文化遺産登録の際に、軍艦島は強制労働とは無関係であるにも拘《かかわ》らず、韓国が介入し、日本側に事実上強制労働を認める一文を入れさせたのは記憶に新しい。

「また学校教育での反日のすり込みはずっと続いています」と、呉氏。

彼女は番組で韓国の小、中学生の描いた日本の絵を披露したのだが、それらを見て私は胸の塞《ふさ》がる思いがした。韓国の子供たちは、日本の国旗を韓国人が踏みつけ、日の丸を包丁で切り裂こうとする絵を描いていた。日本を爆撃する絵も、滅亡した日本を葬送する絵もあった。

こんな絵を子供たちに描かせる教育とは一体何なのか。こんな不健全な精神教育で韓国の未来を担《にな》える全うな子供たちが育つはずがない。韓国人のためにも残念に思う。

こうした状況を放置するのはまさに両国にとっての不幸である。日本政府は「鬼郷」、軍艦島、小中学校教育の全てに、注意を払い、事実を示し、反論し、そのような教育を阻止しなければならない。

新たな映画の中で軍艦島は間違いなく強制労働の島として描かれる。だが、日本側には、軍艦島を含む多くの事例で日本人と朝鮮人が共に働き共に暮らしていたことを証明する資料がある。いま、安倍政権に求められるのはそうした情報を広く発信することである。外務省に500億円上乗せした対外発信予算はこうしたことにこそ活用せよ。

（2016年9月22日号）

【追記】

2017年2月8日に「産経新聞」がスクープを物した。1面トップの見出しは

「『炭鉱に強制徴用の少年』捏造　映画・絵本に」である。韓国映画『軍艦島』（監督・柳昇完《リュスンワン》）にも絵本『軍艦島――恥ずかしい世界文化遺産』（尹《ユン》ムニョン作、ウリ教育）にも、幼い少年を炭鉱で働かせた軍艦島は地獄の島だったなどと表現されているが、これらが捏造だったことを「産経新聞」が突き止めた。有元隆志、田北真樹子両記者の署名入りのスクープは、日本による反撃の第一歩であろう。

拉致《らち》問題解決は「核・ミサイル」とは別立てで当たれ

2016年9月17日、東京・平河町で拉致問題に関する国民大集会が開かれた。安倍晋三首相が加藤勝信《かつのぶ》拉致問題担当大臣らと共に出席、「拉致問題は安倍内閣で解決する」と改めて強調した。

横田めぐみさんの母、早紀江《さきえ》さんは、体調を崩している夫の滋《しげる》さんを心配しつつ、国民大集会に参加した。拉致被害者の家族で、親御さんが存命なのは3家族。横田家に加えて有本恵子さんの両親である明弘、嘉代子夫妻と増元るみ子さんの母、信子さんだけである。

早紀江さんが語った。

「私たちも年を取りました。めぐみの拉致から39年、子供たちも長い年月、囚われています。家族会は、有本さんも含めて安倍総理を信じていくという形でまとまっています。けれど、余りにも時間がかかりすぎています。どうしたら解決できるのか、本当にわかりません」

40年間、朝鮮半島情勢を研究し、救う会会長として力を尽してきた西岡力氏は、拉致問題解決のために、いま、思い切った方策を取るべきだという。

「日朝双方に時間がありません。拉致被害者のご家族は高齢化しています。拉致された人たちが何十年もの間、どうしているのかも心配です。金正恩《キムジョンウン》も国内事情の危うさを考えれば、早急に対策が必要なはずです。双方が切迫した状況の中で、金正恩はまたもや核・ミサイル発射の実験をして、国際的孤立を深めました。世界中が非難し圧力をかけています。それを利用するのです」

氏の主張はこうだ。世界が北朝鮮に圧力をかける中、日本は核・ミサイル問題に加えて、拉致問題でも制裁をかけている唯一《ゆいいつ》の国だ。日本政府独自の制裁には、たとえば在日の朝鮮籍の人物の日本への再入国を許さないなどがある。現在は朝鮮総連中央本部の幹部らに限定している再入国禁止措置を、政府は朝鮮総連の地方幹部にも広げようとしている。彼らは北朝鮮に忠誠を誓っているが、自分の人生の基盤となっている日本に戻れないことは相当の痛手であるはずで、効果は大きい。日本が科している制裁は、国際社会のそれよりずっと厳しく、国際社会と日本の制裁のギャップを活用すべきだ、というのだ。

「安倍首相は、制裁はそれを科すときと外すときと2度使えると語っています。いまは外すことによって北朝鮮を動かすことを考えるときです」

貴重な収入源

西岡氏は、北朝鮮への制裁を強めるのでなく、緩和せよといっているわけだ。そのために日本は核・ミサイルゆえにかけた制裁と、拉致ゆえにかけた制裁を分けて考えよ、というのだ。

「国際社会がまとまって北朝鮮の核開発阻止でかけている制裁を日本が解除することは勿論《もちろん》できません。しかし日本独自の制裁なら解除できます。拉致被害者全員を日本に返すことを条件に、日本独自の制裁部分を緩和する、それを梃子《てこ》にして拉致問題を先行解決するというのが家族会と私たちの考えです。これを拒否するよりも受け入れる方が北朝鮮にとってもよい条件だと思います」

拉致被害者全員の帰国という条件を守れば、日本が直ちに解除できる制裁の具体例のひとつに松茸《まつたけ》の輸入がある。松茸の収穫は北朝鮮の方が日本よりも早く、そろそろ市場に出回る季節だ。だが、わが国はいま、松茸だけでなく北朝鮮の全品目の輸出入を独自に禁止している。そのため、北朝鮮の松茸を日本に輸入することはできない。

ところが北朝鮮にとって松茸による収入は貴重である。『産経新聞』矢板明夫記者が15年に詳報したが、日本が世界一高い値段で買う松茸は、金正恩委員長の秘密資金を扱う朝鮮労働党39号室傘下《さんか》の企業が管理している。禁輸措置があるからといって、39号室は貴重な収入源を諦《あきら》めるわけにはいかない。そこで彼らは松茸を中朝国境に近い中国吉林省延吉《えんきつ》市の問屋に卸し、中国吉林産という偽装書類を作成して、日本に輸出しているのである。

そのルートが16年も蠢《うごめ》き始めたという確かな情報がある。自民党拉致問題対策本部長の山谷えり子氏らは、現在、監視を強めさせている。

「このような日本独自の措置は、北朝鮮が拉致被害者全員を返せば緩和できます。北朝鮮は堂々と輸出できる。勿論、核やミサイルに関する制裁は、日本も国際社会の責任ある国としてきちんと守ります。解除できる制裁と解除できない制裁を彼らに明確に伝えて、金正恩氏に冷静な計算をさせるように仕向けるのはいまだと考えます」と、西岡氏。

9月8日に訪朝した参院議員のアントニオ猪木《いのき》氏に北朝鮮側は序列2位の金永南《キムヨンナム》最高人民会議常任委員長、それに李洙墉《リスヨン》朝鮮労働党副委員長（序列8位）との会談の場を設けた。西岡氏の解説である。

核・ミサイルと拉致の分離

「李洙墉氏は金正恩氏がスイス留学中に面倒を見た人物です。金正日《キムジョンイル》がスイスの銀行に預けていた秘密資金を管理していたのも李氏です。正恩氏は李氏をスイスから呼び戻して国際担当の党副委員長に任命した。委員長は正恩氏自身です。正日、正恩と2代続いて信頼されている人物が、無所属の議員にすぎない猪木さんに会った。正恩氏の最側近の金永南氏も会った。これは、北朝鮮は国際社会と対立しているけれども、日本とは交渉したいというメッセージに他ならないと思います」

正恩氏は父親の正日氏が小泉訪朝のときに日本から取り損ねた1兆円をいまでも諦めきれていないという。彼は「俺が日本から1兆円を取ってやる」と語ったそうだ。だが、彼が核開発を諦めない限り、日本が1兆円を渡すなど、できようはずがない。一方、彼は自身の生き残りのために核兵器を諦めることは絶対にないだろう。であれば国連の制裁は続く。日本からの1兆円もあり得ない。この国際社会の現実を正恩氏に理解させることが一体、誰にできるのか。

核・ミサイルと拉致という、2つの問題を分離する戦略で、拉致問題解決の、細いけれども、希望を持てる一筋の道を切り拓《ひら》くには、理性と国際社会の現実に対する理解が必要だ。加えて十分な意思の疎通《そつう》が欠かせない。それは可能か。加藤大臣は、核と拉致の包括的解決を目指す日本の姿勢に基本的変化はなく、西岡氏の提起する新しい局面を論ずるにしても、現在日朝間に交渉のパイプはないと、慎重である。

早紀江さんが深い吐息を吐いた。

「沢山の不安はあります。けれど、安倍さんでなければ拉致は解決できないことを、家族は身にしみて感じています。いま、私たちは土壇場《どたんば》にいます。失敗するかもしれませんが、決断してやらなければ拉致問題は動かないと思います」

如何《いか》なる形であれ、核・ミサイルと拉致を別立てにする方向で北朝鮮との話し合いに入る道を探るときであろう。

（2016年9月29日号）

憲法改正とTPPは国家と国民を守る最優先の課題

「憲法はどうあるべきか。日本が、これから、どういう国を目指すのか。それを決めるのは政府ではありません。国民です。そして、その案を国民に提示するのは、私たち国会議員の責任であります」

安倍晋三首相は2016年9月26日、臨時国会での所信表明演説でこう語り、「TPP（環太平洋戦略的経済連携協定）の早期発効を大きなチャンスとし」たい、と強調した。

夏の参議院議員選挙で大勝し、戦後初めて、衆参両院で憲法改正に必要な3分の2以上の勢力を獲得した首相は、日本の課題を率直に表明した。いま、日本に必要な戦略はまさにTPPの早期発効と憲法改正である。いずれの課題も実現には強いリーダーシップと国民の強い支持が不可欠だ。首相の言葉どおり、決めるのは政府ではなく国民だからだ。

民主主義国家において、国民の選択が国の運命をどれ程決定的に変えるか。イギリスのEU離脱の決定やアメリカの大統領選挙を見れば明らかだ。イギリスはEU離脱によって中・長期的に力を落としていくだろう。アメリカでは大統領候補のクリントン、トランプ両氏が競うが、両氏の主張からは超大国アメリカが、台頭した中国にどう向き合い、如何なる世界秩序を維持していくのか、その長期戦略は窺《うかが》えない。

国際法と民主主義を重視する陣営と、それを否定する陣営とのせめぎ合いの真《ま》っ只《ただ》中《なか》に、いま全世界が置かれている。この中で、アメリカの世界に対する責任は非常に大きいが、両候補は共にTPPを否定する。この一点だけでも、両氏は世界戦略を担う資格に欠けていると、強調したい。

実力があるにも拘らず、アメリカは世界戦略を担う力を自ら打ち捨てようとしているかのようだ。これでは、アメリカは世界のリーダーシップを中国に譲り渡して二番手の国になりかねない。しかし、こんな2人を候補者に選んだのもアメリカ国民である。

新たな世界秩序

国際情勢の潮流が大きく変化したいま、その変化が日本にもたらす影響の深刻さを考えなければならない。

所信表明で首相は語った——「決して思考停止に陥ってはなりません」と。日本の命運は国際社会の情勢と無関係ではあり得ない、大きく目を開いて、日本が直面する脅威を認識すれば、憲法改正の必要性もわかるはずだということではないのか。

だが、民進党の蓮舫代表は、首相の所信表明を、「伝わるものが全くない。まさしく総花的」とバッサリ切り捨てた。伝わるものは本当に、全くないのか。私には蓮舫氏の言葉のほうが伝わってこない。

民進党（当時は民主党）は政権与党当時、菅直人、野田佳彦《よしひこ》両首相ともTPP推進の立場だった。政権を預かる立場にいて、その立場で国益を考えたとき、TPPは重要な戦略だと理解したわけだ。それがいまは反対になっている。

ちなみに自民党も野党時代には反対した。だが政権を奪還するや、安倍首相はTPP参加を決定し、厳しい交渉を経て、最終合意に漕《こ》ぎつけ、いま、早期発効を目指している。

民進党も自民党も政権与党として国の運営に責任を持ち、国益擁護の立場に身を置いたときはTPPに賛成しているのである。その理由は、台頭した中国が全く異る価値観で新たな世界秩序を構築しようとするのに対して、日本はアメリカと共に従来の価値観を共有する国々と連携しなければ、大変なことになると実感するからであろう。

3年3か月、政権与党の座にいた民進党であれば、政権を預かる責任の重さはわかるのではないか。ここが、共産党などとの大きな違いであろう。民進党こそ、単なる反対のための反対をするのでなく、真に責任ある野党でなければならないゆえんだ。

にも拘らず、民進党はTPPには賛成できないという。理由として輸入米に関する売買入札で業者が実際より価格を高く見せかけていた可能性があり、アメリカの安いコメが日本に流入する懸念を指摘する。

本当に的外れだ。TPPの取り決めではコメには778%という高い関税率が維持される。平均すれば1キロ当たり341円の関税である。日本のコメは、安いものはキロ200円、アメリカから入ってくるコメがたとえ0円でも関税をかければキロ341円になる。競争力は十分保たれるのだ。

こうしたことも理解したうえで、大戦略としてTPPをとらえることだ。日米を軸に、透明性の高いルールによって維持される国際的枠組みを作ることが如何に重要か。それは中国がアジアインフラ投資銀行（AIIB）をはじめ国際的枠組みを新設して中国中心の新世界を作ろうとしているのを見ればわかるはずだ。世界貿易機関（WTO）に加盟して、その恩恵を他国よりも受けながら、中国は往々にしてWTOのルールを守らなかった。彼らが主軸となって、新しい国際組織を作り、多くの国々が吸い込まれるように加盟しつつある。だからこそ、日本もアメリカもより公正でより良い仕組みを作り、そこに多くの国々を集めようとしているのである。その具体策がTPPである。TPPの重要性を戦略的にとらえられないのであれば、政権を担う資格はないとさえ、私は思う。TPPを否定するクリントン、トランプ両氏のリーダーとしての資格を疑うのも、同じ理由からだ。

憲法改正についても民進党は国益を考えているのだろうか。蓮舫氏は9月15日、「性急すぎる論点整理」などに反対の意向を表明したが、憲法改正は焦眉《しょうび》の急である。一体何が「性急すぎる」のだろうか。

国民と国を守る責任

いま、南シナ海では中国が国際社会の強い反対と抗議にも拘らず、スカボロー礁に手をかけつつある。同礁を押さえれば中国は防空識別圏（ADIZ）を設け、南シナ海支配を確立させるだろう。

東シナ海のわが国の海には中国の武装公船及び軍艦が出没している。東シナ海上空では人民解放軍の戦闘機がわが国領空に近づいて挑発的な飛行をしてみせる。平時でも戦時でもないグレーゾーン事態が東シナ海の上空ではすでに生まれている。だが、わが国はこうした事態に何の法整備もできていない。先の平和安全法制でもこの分野は置き去りになった。

日本の安全保障体制は、いま、この瞬間も欠陥だらけだ。欠陥を補っていたアメリカが内向きの姿勢を強め、その分、日本自身が力をつけなければならないのは誰の目にも明らかだ。この現実の危機を見れば、安保法制を「戦争法」だと言って論難したり、憲法改正を遅らせるのは、日本を窮地に追い込むことになるのだ。

民進党も、そして憲法改正を立党の精神とする自民党も歴史の前でいま、国民と国を守る責任を果たさなければならない。所信表明を憲法改正で結んだ首相は、そのような歴史的使命を意識していたと、信じたい。

（2016年10月6日号）

【追記】

2016年12月9日、TPP法案は、参議院本会議で採決が行われ、自民、公明、日本維新の会、日本のこころなどの政党による賛成多数で可決された。参院特別委員会で安倍晋三首相は、「アメリカのトランプ次期大統領の（TPPから離脱するとの）

発言があったにも拘らず、11か国の中で、立ち止まって国内手続きをやめる国は1か国もない。TPPが持つ戦略的、経済的な価値についてそれぞれの国が国会においても承認を得て、国家意思として示していくことが、今、求められている」と語った。その通りだと私も思う。

トランプ氏は正式に大統領に就任するや否《いな》や、TPPからの永久離脱を宣言する大統領令に署名した。その後17年2月9日〜13日、安倍首相が訪米し、うち丸2日間、トランプ大統領と行動を共にした。その長い時間の中で、安倍首相は、「しつこい程、TPPの意義について語った」ことを明らかにしている。TPPこそ、日米を中心に自由主義陣営の絆《きずな》を深める枠組みなのである。トランプ大統領はTPPを認めようとしないが、日本はTPPに込められた価値観を説き続ける必要がある。

ユネスコに慰安婦登録などさせてはいけない

明星大学特別教授の高橋史朗氏から一枚の写真が送られてきた。ソウルで開催された、慰安婦問題の関連資料をユネスコ（国連教育科学文化機関）の世界記憶遺産に登録するための「第3回準備会合」の様子を写したものだ。歴史情報戦における日本の決定的な立ち遅れを示すと共に、2015年、「南京大虐殺《だいぎゃくさつ》」関連資料を記憶遺産として登録されてしまったあの悲惨な敗北の再来も予見させる写真である。

準備会合で中央に陣取る白髪の西洋人はオーストラリア国籍のレイ・エドモンドソン氏、氏の左横には日本人の渡辺美奈氏の姿もある。

エドモンドソン氏こそユネスコ記憶遺産問題のキーマンである。氏は1996年からユネスコ記憶遺産登録に関わり、その考え方や制度を作り上げてきた。各国のNGO（非政府組織）からユネスコに登録申請がなされると、事案は登録小委員会に回され、小委員会が結論をまとめて、国際諮問《しもん》委員会に勧告する。国際諮問委員会は各案件について何も知らない人たちで構成されるため、小委員会の結論が事実上の決定となる。同委員会の委員長を、氏は長年務めた。

15年の「南京大虐殺文書」記憶遺産登録に関して、日本はいわれなき非難を浴びている当事国でありながら、登録資料の内容を全く把握できず、訳がわからない内に極悪非道の虐殺を行った国として登録された。欠席裁判で完全にしてやられたのである。取り返しのつかない失態だった。その反省から、提出された資料の真実性、評価の妥当性などは当事国を交えて議論すべきだという当然の主張を展開して、日本は制度改革をユネスコに働きかけてきた。

一方、16年5月には中国をはじめとする8か国・地域の14団体に英帝国戦争博物館が加わって、2700点の慰安婦関連資料の登録が申請された。登録小委員会の会合は17年1月である。時間が切迫しており、2700点の資料のひとつひとつに反論することは物理的に不可能だ。そのため外務省は、制度改革への働きかけを強め、成果をあげたと説明する。本当にそうか。前述のエドモンドソン氏は現在、制度改革小委員会の「コーディネーター」なのである。

ユネスコの不公正

彼は9月9日、東京・千代田区の「韓国YMCA」で開催されたシンポジウム「ユネスコ記憶遺産はなぜ作られたのか」で基調講演を行い、その後の質疑応答で、制度改革小委員会は、日本政府が要請している当事国の主張にも耳を傾けるという普遍的制度改革を、現在進行中の慰安婦資料の登録には適用しない、と明言した。

これが事実なら、制度改革で、不当な慰安婦資料登録を阻止するという外務省の戦略はすでに破綻《はたん》しているではないか。このまま行けば慰安婦問題も、南京大虐殺問題同様、その関連資料がほぼ確実に登録されるのではないか。

高橋氏は、強く懸念する。

「先に示した写真から、こうしたことは読みとれるのです。写真はユネスコ記憶遺産登録を目指す日中韓の民間団体による準備会合です。そこにユネスコの制度改革小委員会の調整役が出席していたことの意味を考えて下さい。日本からはユネスコ慰安婦登録日本委員会代表の渡辺美奈氏が出席していますが、彼女をはじめソウルに集った人々は、何としてでも慰安婦問題をユネスコ記憶遺産に登録すべく、私たちから見れば決して公正とは思えない戦術で、準備してきた人たちです。そこに公正中立のはずの調整役がコミットしている。ユネスコの公正さは、この時点で明確に否定されています。そのことを念頭に置いた厳しい対策が必要でしょう」

事実、先述したようにエドモンドソン氏は、日本政府の提唱する制度改革を慰安婦資料登録に関しては明確に否定した。氏と共に会を盛り上げた渡辺氏は「女たちの戦争と平和資料館」（ＷＡＭ）事務局長、「女たちの戦争と平和人権基金」理事でもある。

前衆議院議員の杉田水脈氏が、東京・西早稲田のＷＡＭを訪れた。

「中国・朝鮮半島の慰安婦の写真がパネルで展示され、女性国際戦犯法廷関連の資料や写真、少なからぬ量のイラストもありました。ハングルで書かれたものや、昭和天皇と見られる男性が目隠しされて木に縛りつけられ、複数の銃口がつきつけられている絵が目につきました」

女性国際戦犯法廷は朝日新聞の故松井やより元記者らが中心になって２０００年に開催された。崩御後のことであり弁明もできない昭和天皇を被告として弁護人不在で行われ、法廷と呼ぶことなど到底できないのであるが、このイベント関連資料が、恰《あたか》も何らかの価値があるものの如《ごと》く、堂々と展示されているのである。加えて『松井やより全仕事』と題する書籍も販売されている。『全仕事』の内容を杉田氏が紹介した。

「酷《ひど》いと思いました。韓国の民主化運動のために思いつくことは何でもやったということが書かれ、シンガポールの特派員時代のものも含めて多数の記事が載っています。

全体として、よくもこれだけ日本が悪かったということを記事にできたなというのが私の印象です」

更迭《こうてつ》を求めよ

松井氏と同期入社の元朝日新聞記者、長谷川熙氏も『崩壊　朝日新聞』（ワック）で、松井氏はシンガポール特派員時代にマレーシアの山岳地帯を訪れて、部族同士の争いで殺害されたかもしれないのに、死んだ住民は日本軍が殺害したことにしておきなさい、それで構わないと現地の人々に言っていた、と書いている。松井氏がなぜそのような日本批判に走るのか、理由は分からない。ひとつ明らかなのは、彼女による日本批判は強い反日思想ゆえの、事実歪曲《わいきょく》や捏造に満ちた、不条理なものだということだ。

ＷＡＭ事務局長の渡辺氏もそのような松井氏の遺志を継いでおり、松井氏の人脈に連なると見てよいだろう。

渡辺氏らと連帯しているのがシンポジウムに参加した韓国の申恵秀《シンヘス》、韓恵仁《ハンヘイン》の両氏であり、中国の蘇智良氏らである。申氏は韓国挺身隊《ていしんたい》問題対策協議会の前常任共同代表、韓氏は「日帝強占下強制動員被害真相糾明委員会」「親日反民族行為真相糾明委員会」の調査官を歴任した人物だ。

中国代表の蘇氏は上海師範大学教授で、中国慰安婦問題研究センター主任、「慰安婦資料館」館長である。氏は『中国人慰安婦』という徹頭徹尾、反日の虚構に満ちた本の著者でもある。

そのような人々と共同行動をとっているのがエドモンドソン氏だ。ユネスコにおける対日包囲の動きがどれ程周到に準備されていることか。

全力で毅《き》然《ぜん》と立ち向かわなければ、わが国はまたもや煮え湯を飲まされる。まず、双方の主張が激しく対立する課題で一方に完全に与《くみ》するような人物は調整役の資格がない。氏の更迭を、日本政府はユネスコに求めよ。そのうえで登録するか否かは17年4月に出る予定の制度改革の結論を踏まえて行うよう強く働きかけよ。


（2016年10月13日号）


【追記】

現時点では、実は明らかにできないのだが、ユネスコの状況に関する日本の反論はかなり進んでいると言ってよい。私たちは、日本側が事実を捏造していないこと、歪曲していないことに自信を持ってよい。相手側の対日歴史非難は歪曲と捏造に満ちている。真実と捏造と、どちらが強いか。勿論、前者である。日本人は自信を持って、自国の歴史をきちんとおさらいするのがよいのである。

韓国人教授が否定した「慰安婦＝性奴隷《どれい》説」

韓国のソウル大学経済学部教授、李榮薫《イヨンフン》氏が、「日本軍慰安婦は単なる『軍部隊の公娼《こうしょう》』」、「軍や警察に『不正に拉致』されたという主張は、ほとんどが口述記録であり、客観的資料としての信憑性《しんぴょうせい》がない」などと述べ、慰安婦強制連行説及び性奴隷説を否定した。

これは、韓国近現代史のネット連続講義「李榮薫教授の幻想の国」の最終回、「第12回慰安所の女性たち」の内容である。2時間超の講義は、２０１６年8月22日と23日に公開された。

李氏は韓国近代経済史研究の第一人者といってよい。氏はこれまでに『大韓民国の物語』（文藝春秋）、『代案教科書』などの「問題作」を世に問うてきた。実証的研究に基づく著作は、いずれも日本に対して驚く程、公正で、それ故《ゆえ》に韓国で批判された。同時に、親北朝鮮の左翼的教科書を真っ向から否定し、挑戦した『代案教科書』は驚異的多数の韓国人が読んだ作品でもある。

かつて私は氏に尋ねたことがある。如何にして観念論やイデオロギーの呪縛《じゅばく》を逃れ得たのかと。氏は、自分が政治学者ではなく、客観的な数字を基に研究する経済学者であることが、イデオロギーの呪縛を回避できた理由だと考える旨《むね》を語った。

今回のネット講義も実証的で公正である。日本では未発表の『日本軍慰安所管理人の日記』や元慰安婦の証言など、引用された史料から見えてくるのは、挺対協（韓国挺身隊問題対策協議会）や『朝日新聞』の主張する「慰安婦強制連行説」や「性奴隷説」の明確な否定である。

「1938年以降に軍慰安所市場が開かれて、多くの韓国人が慰安所を直接経営した。（女性たちは）慰安婦として働くために、中国や台湾、ビルマなどで、軍部隊について移動した」「女性たちは主に『人身売買』（親がお金を貰《もら》って娘を売るなど）や『就職詐《さ》欺《ぎ》』の形で慰安婦になるのが一般的だった」と、李氏は率直に語っている。

働く自由、廃業の自由

詳しい記録が残されている元慰安婦、文玉珠《ムンオクジュ》氏の例も引いて、女性たちは公娼制度の下で法的に営業許可を受けなければ働けなかったこと、契約期間満了時点で廃業中請すれば帰宅できたことを李氏は指摘している。文氏が自身の一代記で、「病気」を理由に廃業を申請して、日本軍の許可を得たと披露しているが、こうしたことは当時を知る人々にとっては常識である。

それでも性奴隷だったと言い張る人々は強弁するだろう。廃業申請が容易に許可されたはずがないと。李氏は『ビルマ戦線の日本軍慰安婦ムン・オクジュ』や前述の『管理人の日記』などの史料に基づいて、「最前線でない場合は、だいたい受け入れられた」「契約期間中に特定の区域を離れることができないというレベルで身体の自由を奪われるのは、当時の公娼制においては特別（例外的）なことだった」と語る。

働く自由、廃業の自由に加えて女性たちは日々の生活でも、月2回の休日と、休日には勤務地を離れる自由があった。「慰安所での仕事は『高労働高収入』の産業だったので、普通の数百円程度の借金では、人身を拘束することはできなかった」と李氏は語っている。

ちなみに前出の文氏は、家に5000円を送り、2万6000円を貯蓄していたことで知られる。2万6000円は当時の相場で家を26軒も建てられる金額だった。

中韓両国は、慰安婦は日本軍によるひどい暴力の被害を受けたと主張するが、李氏はこの点も否定する。

「広く知られている『マンダレー慰安所の規則』は慰安所に出入りする将校と兵士は必ず階級章をつけなくてはならず、いかなる場合でも罵《ののし》ったり暴力をふるってはならないという点を明示している」「パトロールの将校と娯楽指導官は、慰安所での軍規の徹底を厳密に実施しており、衛生的な面では毎週1回慰安婦の身体検査を実施していた」という。

では慰安所で軍規はどの程度まで徹底されていたのか。李氏が挙げた事例、文氏の実体験は驚きであろう。

「慰安所で、ある日本軍人が激しい乱暴をした。ムン（文）さんはもみ合いの末に、日本刀を奪い、その兵士を刺し殺した」

女性の方が日本兵を軍刀で殺害したというのだ。で、殺した文氏はどうなったのか。李氏は続ける。

「（文さんは）兵士の不当と自らの自己防衛を主張し、無罪になった。日本軍の軍法裁判所が無罪判決を下したのである」

李氏はさらに考察を深めている。弁護士の戸塚悦朗氏が考えついたとされる性奴隷という言葉はいまや世界に流布《るふ》されているが、奴隷の定義は慰安婦に当てはまらない。奴隷には「法的人格」は認められないが、慰安婦には認められていたからだ。李氏はそれを次のように説明する。

良識の声の表明

過去の米国の黒人奴隷は殺人現場を目撃しても法廷で証言できなかった。奴隷は法的に人間ではないからである。対照的に慰安婦の立場は、文氏の事例に見られるように全く異っていた。奴隷であれば、裁判を受ける権利すらないが、彼女は自己防衛と兵士の不当を主張し、現実に無罪になったのである。従って李氏は「日本軍慰安婦性奴隷説」を見直すべきだと結論づけている。

朝鮮人慰安婦の数についても、氏は韓国が主張する20万人説を退け、最大でも５０００人だったと根拠をあげて示し、韓国国民にざっと次のように呼びかけている。

「私たちが先進国になるためには、すべての幻想を消さなければならない。まず外交的な葛藤《かっとう》にまでなった歴史から解放されてこそ、本当の意味で近代人になれる」

李氏の指摘を肝心の韓国国民はどう受けとめたか。かつて氏はその主張の客観性と公正さ故に反日勢力の怒りを買い、「親日派」のレッテルを貼《は》られて、厳しく糾弾された。今回、氏は、これまで以上に率直公正に歴史の真実を語っている。

東京基督教大学教授、西岡力氏がハングルの飛び交うネットを分析した。

「今回は様子が違います。ネットに上げてすでに50日ですが、炎上していません。15年末の日韓合意後、韓国の対日認識が確実に変化しています。生存する元慰安婦の8割近くが、日本出資の資金を受けとりたいと表明し、挺対協など反日運動団体の影響力が落ちているのです」

官房副長官の萩生田《はぎうだ》光一氏は歴史の真実を共有しようとする人々に期待する。

「これまで抑制されてきた良識の声が表明されたと受けとめています。日韓双方が歴史に誠実に向き合うことで、両国はもっと歩み寄り、支え合えるはずです」

だからこそ歴史の真実の情報発信を強化することが重要である。

（2016年10月20日号）

第6章　世界が期待する日本の国力を示せ

中国が「宇宙制圧」を本格化させている

いま、世界のどの国よりも必死に21世紀の地球の覇者たらんと努力しているのが中国だ。彼らは習近平国家主席の唱える中国の夢の実現に向かって走り続ける。そのひとつが、宇宙制圧である。21世紀の人類に残された未踏の領域が宇宙であり、宇宙経済を支配できれば、地球経済も支配可能となる。宇宙で軍事的優位を打ち立てれば、地球も軍事面で支配できる。

２０１６年10月17日、中国が２人の宇宙飛行士を乗せた宇宙船「神舟11号」を打ち上げた背景には、こうした野望が読みとれる。内モンゴル自治区の酒泉衛星発射センターから飛び立った中国の6度目の有人宇宙船打ち上げは、無人宇宙実験室「天宮２号」に48時間後にもドッキングし、２人の飛行士はおよそ30日間宇宙に滞在する。

打ち上げは完全な成功で、計画から実行まで全《すべ》て中国人が行ったと、総責任者の張《ちょう》又侠《ゆうきょう》氏は胸を張った。中国は独自の宇宙ステーションを２０２２年までに完成させ、

30年までに月に基地を作り、中国人の月移住も始めたいとする。

いま宇宙には、日本をはじめアメリカやロシアなど15か国が共同で運営維持する国際宇宙ステーション（ISS）が存在するが、ここに参加しない唯一《ゆいいつ》の大国が中国である。中国はアメリカとロシアの技術を、ハッキングを含むさまざまな違法手段で入手し、独自の開発を続けてきた。また彼らは「宇宙軍」も創設した。その狙《ねら》いは何か。少なからぬ専門家が中国の軍事的意図を懸念《けねん》する。

アメリカのシンクタンク「国際評価戦略センター」主任研究員のリチャード・フィッシャー氏もその一人だ。氏が中国の宇宙開発に関して最初の警告を発したのは、30年以上前の1985年だった。

「詳細な分析と報告を国防総省をはじめ、主要シンクタンクに提出しました。けれど、誰も私の危惧《きぐ》を理解しませんでした。中国が宇宙に軍事的野心を抱いているということ自体、誰も信じなかった。私は変人扱いされ、中国の脅威を大袈裟《おおげさ》に言い立てているだけだと思われたのです」

宇宙戦闘部隊

だが、中国の宇宙進出は、氏が指摘したとおりの道を辿《たど》ってきた。いまや多くの人の目に宇宙における中国の軍事的野心は明らかだ。そうした中、氏は、中国政府の姿勢に興味深い変化が見られると、シンクタンク「国家基本問題研究所」で語った。

「彼らは自分たちの宇宙活動について、以前よりずっと積極的に語り始めています。無論、国家機密は口外しませんが、イーロン・マスクが目論《もくろ》むような宇宙開発が実現されるとき、中国はそれを支配（dominate）しようと考えていると思います」

マスク氏は南アフリカ生まれの起業家で、アメリカのシリコン・バレーの寵児《ちょうじ》にして宇宙企業「スペースX」の創業者だ。2016年9月末、氏は新たなロケットと宇宙船の開発計画を発表、地球滅亡に備えて火星への人類移住を進めるという。

フィッシャー氏が続ける。

「中国はマスクの考えるようなビジネスから、宇宙資源の活用までひっくるめて宇宙経済を支配したいのです。その前に地球・月系の宇宙圏を自らの支配圏として確定させようとしています。それこそが中国の軍事・政治戦略の基本です」

その第一歩がアジア地域での覇権確立だと、氏は語る。

「アジアにおいて軍事力、経済力、政治力で圧倒し、それを地球全体に広げていく。そのための能力を、現在、磨いています」

海や陸を制するには空を制しなければならない。空を制するには宇宙を制しなければばならない。その意味で中国は着々とアジア制圧の構えを築き、支配圏を広げているとして、あと10年もすれば、中国の覇権は現在よりはるかに目に見える明らかな形で出現すると、警告する。地球の覇者となるのと同時進行で、宇宙での支配力を強めているというのだ。

「想像して下さい。高高度の宇宙を制すれば、地球上のどの国もどの地域も制圧できるのです。中国の宇宙開発が濃い軍事的色彩を帯びているのは、宇宙開発の全てを人民解放軍（PLA）が担《にな》っていることからも明らかです。習主席は16年、軍の大改革を断行しました。そのときに新設された戦略支援部隊が、中国の宇宙戦略を支える柱なのです」

近い将来、PLA空軍に創設されると見られているのが宇宙戦闘部隊である。その長に、リ・シャンフー将軍の名が挙がっているという。

「リ将軍は07年に中国が地上発射のミサイルで800キロ上空の軌道上にあった中国の衛星を撃ち落としたときの指揮官です」とフィッシャー氏。

中国の衛星破壊は当時世界を震撼させた。なぜなら、彼らはアメリカの衛星も破壊できる能力を見せつけたからだ。アメリカ軍は高度のハイテクに依拠しており軍事衛星はアメリカ軍の生命線だと言ってよい。その意味で衛星破壊行為は宇宙戦争に踏み込んだ行為だと解釈された。それを指揮した人物が宇宙戦闘部隊の長になるということは宇宙戦争の体験者が長になるのと同じ意味だととるべきだ。

地球規模で衛星監視

アメリカの専門家たちを真に憂慮させる次元に至るまでの中国の努力は凄《すさ》まじい。16年6月、彼らは南シナ海の海南島東部の文昌市から新世代ロケット「長征7号」を打ち上げた。30年までに米露と並ぶ宇宙強国になると決意している中国の宇宙開発の鍵《かぎ》を握るロケットである。

「16年から運用を開始した文昌衛星発射センターは今後、非常に重要な地球・月系支配の拠点となると思います。中国が南シナ海の支配にこだわる大きな理由のひとつが、この衛星発射センターにあると、私は見ています」と、フィッシャー氏。

中国は地球・月系支配のために、地球規模で衛星を追跡、コントロールする監視基地網を築いてきた。

中国を中心に、パキスタンのカラチ、アフリカ大陸のケニアのマリンディ、ナミビアのスワコプムント、南米チリのサンティアゴ、豪州西部のドンガラに、各々《おのおの》衛星追跡及びコントロールのための基地を築き上げた。アルゼンチンにも、新しい衛星監視基地が間もなく完成する。フィッシャー氏が、そうした衛星監視基地の意味を解説した。

「アルゼンチンは中国に基地を提供する見返りに、中国の衛星情報を貰《もら》う取り決めを結んでいます。もう一度、フォークランド紛争が起きたら、アルゼンチンは中国提供の情報を活用して、大西洋の真ん中で英国の艦船を待ち伏せできるのです」

このような中国の宇宙進出を前に、オバマ政権はブッシュ前大統領が月開発計画を再開しようとしたのを、全て止めた。日本も参加するＩＳＳは２０２４年にも運用を終えるかもしれない。ここで日本が宇宙開発における国際協力体制を推進する強い力とならなければ、私たちの陣営が中国に完全に支配される時代がくるのは避けられないと思う。

（２０１６年10月27日号）

沖縄米軍用地を中国資本が買っていた

日本の国土を外国資本が買い漁《あさ》っている事実は旧聞に属する。日本政府が、自民党政権の時も民主党政権の時も有効な対策を講じてこなかったのも周知のことだ。外国資本に好き放題の国土買収を許してきた日本は異常だが、それでも沖縄の米軍用地の1割を中国人が買収していると聞けば、心底、驚かざるを得ない。

2016年10月21日、インターネット配信の「言論テレビ」で中田宏元衆院議員が語った内容は、日本国の土台が侵食されているというものだった。

氏は国会議員だった2013年、対馬《つしま》を調査して驚いた。自衛隊基地周辺の土地の殆《ほとん》どが韓国資本に買収され、基地は韓国人所有の土地にぐるりと囲まれていた。万一の時、これでは自衛隊の動きが阻止されかねない。その危機的状況に対処するべく、氏は土地売買に関して規制する法案を国会に提出した。

「私の法案は廃案にされました。それから3年、事態はより深刻です。沖縄の米軍用地の10％が中国資本に買われているのです」

中国は尖閣諸島を自国領だと主張し、沖縄に関しても日本の領有権に異議を申し立てる。彼らの真の狙いは、いずれ沖縄全体を中国領とすることにあると見てよいだろう。沖縄に迫る中国の脅威を実感するからこそ、わが国は日米同盟を強化すべく努力してきた。米軍への基地提供にも心を砕いてきた。

沖縄の米軍用地は約2万3300ヘクタール。内、国有地と県、市町村有地が約1万5700ヘクタール、残りの約7600ヘクタール、全体の約33％が民有地だ。

「この民有軍用地の約3分の1を中国資本が買い取っているのです」と、中田氏は説明する。

事実なら、まさしくブラックジョークではないか。中国人の所有とされる民有軍用地は2500ヘクタール強になる計算だ。坪数で756万2500。沖縄軍用地の借地料は政治的配慮も働いて日本一高い。場所によって異なるが那覇軍港なみの最高レベルの賃料なら坪1万9000円、浦添《うらそえ》市などでは坪6000円だと、「産経新聞」の宮本雅史《まさふみ》氏が『報道されない沖縄　沈黙する「国防の島」』（角川学芸出版）で報じている。

国土は即《すなわ》ち国

坪6000円として中国人の手に渡る賃料は毎年、453億7500万円に上る。防衛省に問い合わせたが回答が得られなかったために、果たしてこの数字が正しいのか否《いな》か、判然としない。しかし、少なくとも百億円単位の日本国民の税金を、毎年、日本政府が中国人に支払っている可能性があるのである。

中田氏は、防衛省も中国人による軍用地の取得については知っているのではないかと語る。政府や地方自治体がこうした事実をどれだけ把握しているかについて、沖縄県石垣市議会議員の砥板芳行《といたよしゆき》氏のコメントが興味深い。私の取材に対して氏は、当初こう語った。

「中国資本が軍用地を買っているとは、余り知りませんでした」

しかし、少し時間をかけて調べたあと、氏は後日連絡をしてきて、こう語った。

「そのようなケースがあっても中国人は表に出てきません。しかし、注意深く情報を精査すれば、確かに中国人の動きが見えてきます」

中田氏が指摘した。

「竹富町が所管する離れ小島にウ離島《ばなりじま》というのがあります。広さ1万坪の岩だらけの無人島で、水もありません。この島を中国が5億円という法外な価格で買おうとしたのです」

中国はこの島をなぜ買おうとしたのか。現地の人は、考えられる理由として、海上保安庁の船が尖閣諸島海域に向かうとき、海保の船の動きを逐一監視できる場所がウ離島であることを挙げた。売却話は、しかし、メディアの知るところとなって、結局、立ち消えになった。

砥板氏が説明した。

「いまこの島は地元の不動産業者が管理しています。安全保障上、大事な所にあるだけに監視を続けることが重要です」

このような水もない島を買う理由が経済的要因にあるとは思えない。どう見ても安全保障上の理由であろう。事実、島を買いにきたのは「中国国際友好連絡会」(友連会)という組織だった。人民解放軍(PLA)の工作機関と考えてよい組織だ。

彼らは宮古島市の下地島空港周辺の土地も買いたいと申し出た。同空港には3000メートルの滑走路がある。中国に対処するために、下地島に自衛隊の拠点をつくることが大事だという指摘は多い。それだけ重要な空港周辺の土地をPLA関連組織が買いにきたのである。

国土は即ち国である。国土があって、そこに人が住み、経済活動をしてはじめて国が形成される。それを守ってはじめて独立国と呼べる。国の基《もとい》である国土を、わが国は今日に至っても外国資本に買われるに任せている。1平方ミリでさえも外国人に売らないのは中国だけではない。フィリピンも外国人には売らない。なのになぜ、日本政府は有効な手を打たないのか。国政レベルの動きは信じ難い程鈍い。そのことに対する地方自治体の憤《いきどお》りは強い。全国市長会会長代理で山口県防府《ほうふ》市長の松浦正人氏が語る。

外国人土地法

「16年10月19日に、北海道旭川市で北海道市長会の総会が開かれ、皆さん憤っておられました。地方自治体の条例だけでは、外資の日本国土買収は全く防げません。これ以上外国人に土地を買われてしまうわけにはいかないと、革新色の強い市長さんも含めて全員の意見が一致しました。17年1月中に案をまとめて、政府に強く申し入れることになりました」

市町村の行政は住民生活に直結する。行政の現場には山林や水源地、防衛施設周辺の土地を中国人が買い付けようと蠢《うごめ》く情報が入ってくる。殆どの首長は山林や水源地の所有者を説得して外国人への売却を思いとどまらせようとする。しかし、悪貨は現金でやってくる。その現金に動かされる人もいる。

しかし、国土を他国に売ってしまっては、もう戻ってこない。にも拘《かかわ》らず、日本政府が規制できずにきた理由のひとつに、1995年のWTO（世界貿易機関）加盟時に外務省が犯した致命的なミスがある。

他の加盟国がおよそ全て、その国なりの留保をつけて加盟したのに対し、日本は無条件で加盟したのだ。だから今更、国土は外国資本に売らないとは言えないのである。

当時の外務省の目は節穴だったが、現在の国会議員にもできることがある。日本には大正時代の外国人土地法がある。そこには相互主義と、国防上の観点から土地取引は制限できることが書かれてある。相互主義とは、相手国が日本人に土地を売るなら日本も売るということだ。国防上の懸念ゆえに取引を制限できるということだ。その戦前の法律を現在に通用させるための工夫をすればよいだけである。いま、政治がその工夫をしないのであれば、それは国民と国家に対する背信である。

（2016年11月3日号）

【追記】

北海道市長会の政府への申し入れは、2017年2月現在、まだなされていない。

全国市長会会長代理で山口県防府市長の松浦正人氏は、17年5月に網走《あばしり》市で北海道市長会の総会が開催されるため、この問題でより強い要求を盛り込んだ特別決議を行い、政府に申し入れをしたいと語る。

他方、自民党をはじめとする政党の動きは理解し難い程、鈍い。自民党の「安全保障と土地法制に関する特命委員会」の委員長、佐藤正久参議院議員が語った。

「来週（2月26日の週）以降、公明党とこの件について話し合いを始めます。やっと、公明党が話し合いに応じてくれるところまできました。自公の与党両党でこれから共同の勉強会を始めます」

公明党が外国資本による土地買収規制について余り乗気でない理由のひとつが、私権の制限につながるからだという。一方で、外国資本に水源地や防衛省関連施設周辺の土地を買われてしまって問題が生じている具体的な事例がはっきりしないことも、規制が進まない理由だという。

佐藤氏の説明だ。

「法規制の前提となる実態調査が進んでいないのです。こんな危険が考えられるというだけでは法律を作るには不十分なのです。またどれだけの土地が外国資本に買われているのかもはっきりしません。登記簿は、はっきり言っていいかげんな面があります。課税台帳や住民基本台帳を調べなければ本当のところは分かりません。その調査権限は私たちにも防衛省にもありません」

日本全体がグズグズしている間に、中国資本による日本の国土買収は加速する一方だ。北海道では、いまや一軒一軒の土地や家を買うレベルではなく、100ヘクタール単位の広大な土地の買収が進んでいる。しかも、それを国土交通省が奨励している節がある。

一体、日本は国家なのか。このような事態を放置し続ける全ての政治家、政党は責任を負え。自民党、公明党を筆頭に、民進党以下、全ての野党にも大いなる責任がある。一日も早く法規制を実施せよ。

朴大統領の危機は日本の危機でもある

韓国の混乱が深まるばかりだ。朴槿恵《パククネ》大統領に与えられた問題処理の時間は極めて短い。この原稿を執筆中のいまも、大統領秘書官たちの自宅や事務所が検察の捜索を受けたなどの情報が入ってくる。

韓国で最も信頼されていると言われる言論人、趙甲濟《チョガプジェ》氏は朴大統領が問題処理のタイミングを逃せば、左翼陣営のみならず、保守陣営もソウル市中心部の光化門《カンファムン》広場に繰り出し、退陣を要求すると、警告する。

朴氏支持勢力の核心である保守系高齢層までが、朴氏離れを起こしつつある。事の発端は、朴大統領が崔順実《チェスンシル》という女性実業家に、機密を漏洩《ろうえい》していたことだ。朴大統領の親友である崔氏は、大統領の信頼を悪用して大統領府の人事に介入するのみならず、私腹も肥やしていた。メディアが不祥事を報じ始めると、彼女は娘を連れてドイツに逃亡した。

統一日報論説主幹の洪熒《ホンヒョン》氏の指摘である。

「崔氏の件に関しては複雑な因縁があります。彼女の父は崔太敏《チェテミン》という牧師で、朴槿恵氏の父の朴正熙《パクチョンヒ》大統領にも絶大な影響力を有していました。韓国のラスプーチンと呼ばれた男です」

帝政ロシア皇帝に取り入って、絶大な影響力を持った亡国の僧、ラスプーチンの韓国版と評された崔太敏牧師は、朴槿恵氏の母が1974年に暗殺されたあと、急速に朴一家への影響力を強めた。再び洪氏の説明である。

「崔太敏牧師は、母親を暗殺された朴槿恵の心をあらゆる意味で摑《つか》みました。彼女が崔牧師に操られていることに危機感を抱いた中央情報部（KCIA）の金載圭《キムジェギュ》部長はこの件について朴正熙大統領に忠告したのです。しかし、大統領は金部長の忠告を聞かず、娘の方を信用しました」

不通大統領

内部告発サイト、「ウィキリークス」が同件に関する機密文書を早速、2016年10月27日に公表した。それを「朝鮮日報」が報じたのだが、そこには驚くべきことが書かれていた。07年当時、駐韓アメリカ公使のスタントン氏が朴槿恵氏にまつわる状況を以下のようにまとめていたのだ。

「カリスマ性のある崔太敏氏は人格形成期にあった若い朴槿恵氏の身心を完全に支配していた。その結果、崔太敏氏の子息らは莫大《ばくだい》な富を蓄積したという噂《うわさ》が広まっている」

右のスタントン報告書を、バーシュボウ大使（当時）は機密情報に指定して本国に送った。洪氏が語る。

「朴正煕大統領は1979年10月に金載圭に暗殺されましたが、暗殺理由のひとつに崔太敏牧師と朴槿恵氏の関係に関する助言が聞き入れられなかったことがあると、金載圭の弁護人が控訴審で主張しました。ある程度高齢の韓国人はこうした事情をよく知っています。彼らは熱心な朴正煕の崇拝者で、その内の少なからぬ人々が朴槿恵氏が事実上父親の死を招いたと批判的にとらえています」

韓国の保守陣営は朴槿恵大統領に度々、崔太敏・順実父娘との関係を問い質《ただ》してきたそうだ。

「その都度、朴槿恵氏は崔父娘は決して変な人たちではない、自分と特別な関係にあるわけでもない、と疑惑を全否定しました」と洪氏。

現実にはしかし、崔牧師が死亡したあとは娘の順実氏を重用し、機密情報まで渡し、彼女の関係財団に大企業から巨額の寄付が流れるようにしていたことがわかってきた。父親の死を招いた牧師との奇妙な関係がまずあり、牧師の娘との不透明な関係がその先につながる。他方、朴槿恵氏は大統領として青瓦台《せいがだい》に入ったあと、大統領府で働く有能な官僚や、愛国精神に満ちた政財界の実力者には会おうともしなかった。

「それで不通《プルトン》大統領、話の通じない大統領と呼ばれるのです。あの広い公邸でいつも1人。しかし、彼女は実は、崔順実との会話は続けていたわけです」（洪氏）

朴槿恵氏を大統領に選んだ韓国国民にとって、彼女は元大統領の愛娘《まなむすめ》で、深窓の令嬢、大切に守り抜く対象だったはずだ。前述の駐韓米公使の報告が正しかったと認めることなど、屈辱そのものであろう。そうした彼らがいま直面している問題の本質を趙氏が以下のように分析した。

①朴大統領は崔順実氏について嘘《うそ》をつき続けてきた。法治国家の法治国家たるゆえんは国家機関が基本的に誠実であること、それゆえに国民の信頼があることだ。その意味で青瓦台が崔氏の事案に関して嘘をつき覆《おお》い隠そうとしたことは、順実氏の国政介入よりも深刻な問題である。

②崔順実氏は娘と共に出国し帰国を拒否していた。彼女らの身勝手な振舞いは朴大統領の承認と助力があるからだ。大統領の行為は司法妨害であり、問題が長期化すれ

ば弾劾《だんがい》の理由となる。

③歴代の大統領の中で朴大統領程、検察を政治的に悪用した例はない。大統領命令によって無理な捜査が行われ、それを苦にして自殺者も出た。朴大統領は検察の独自性と公正さを損ねたのであり、そのことは歴史的不名誉として記録されるはずだ。

本当の家族は崔一家

趙氏の分析は非常に厳しい。だが、朴大統領の支持率が14%に急落し、不支持率が74%にまで上昇したことからも、国民が趙氏同様、厳しい目を向けていることが見てとれる。政権発足以来最悪の状況に朴大統領は陥っている。

危機を回避するには、まず、如何《いか》なる捜査にも協力する姿勢が必要だ。帰国した崔順実氏を捜査に協力させることも欠かせない。大統領府の秘書室を一新し、朴大統領自身はセヌリ党を離党し、国務総理（首相）に日常的行政を任せる程の決意を見せなければ、事態はおさまらないと、趙氏は指摘する。

世論の厳しい逆風を受けて、朴大統領は10月28日夜、大統領府の首席秘書官全員に辞表の提出を指示した。これで問題解決につながるのか。洪氏は真っ向から否定した。

「朴大統領には19年間、秘書としてついてきた3人の最側近がいます。本来なら彼らをまず切るべきです。しかし、彼らには全く責任をとらせようとしていない。これでは事態の収拾などできません」

孤高に生きてきた朴槿恵大統領にとって、本当の家族は崔一家なのであろうか。実弟や実妹を青瓦台に全く近づけない一方、何かあれば崔一家に相談するようにと朴大統領は弟妹に言ってきた。この期《ご》に及んでも崔一家を排除できない程、朴大統領は心理的に崔一家に頼りきりなのだろうか。

特定の怪しげな人物に操られているかのような大統領の下で、韓国は二進《にっち》も三進《さっち》もいかない危機の淵《ふち》に立たされている。今、大統領が下野すれば韓国は大混乱に陥る。このまま政権を維持しても、次の大統領選挙までの1年間、指導力回復の見込みはない。韓国の危機は日本にも深い負の影響を及ぼすことになる。

（２０１６年11月10日号）

【追記】

２０１６年12月9日、韓国の国会は朴槿恵大統領の弾劾訴追案を賛成２３４票、反対56票で可決した。野党勢力が１７２人であるから、与党セヌリ党から半数近い62人が賛成に回ったことになる。弾劾を可とするか否かを審議していた憲法裁判所は17年

3月10日、弾劾を妥当とする決定を下し、朴氏は失職した。大統領選挙は5月9日に決まった。

この間に幾人かが次期大統領選挙に名乗りをあげた。3月時点での最有力候補は文《ムン》在寅《ジェイン》氏である。氏は盧武鉉《ノムヒョン》氏の大統領選挙では釜山《プサン》の選挙対策本部長を務め、極左の盧武鉉政権では青瓦台入りして大統領秘書室長を務めた。文在寅氏が韓国の次期大統領に就任するとしたら、韓国は事実上、北朝鮮に呑《の》み込まれる可能性が高い。それは大韓民国という国家が事実上、消滅することを意味する事態である。ただ、北朝鮮の金正恩《キムジョンウン》政権も崩壊の瀬戸際《せとぎわ》に立つ。朝鮮半島は南北両国の生き残りをかけた戦いの最中にあるのである。南北朝鮮を取り囲む日米中露のせめぎ合いも正念場にあることを、日本の私たちは知って備えなければならない。

中国人の邦人惨殺《ざんさつ》、「通州事件」を学べ

『文藝春秋』元名物編集長の堤堯《つつみぎょう》氏が嘆く。——氏と同年代（70代後半）の日本男児が余りにも歴史を知らないと。

「仙台の中学の同期生、12～13人の集まりで通州《つうしゅう》事件を知ってるかと尋ねたら、知っていたのがわずか3～4人。歴史呆《ぼ》けは若いモンだけじゃない」

詳細は後述するが、通州事件は昭和12（1937）年7月29日払暁《ふつぎょう》に、中国河北省通州で発生した日本人虐殺《ぎゃくさつ》事件である。日本人を守るべき立場にあった中国人保安隊が一挙に襲いかかり、居留民225名に加えて日本軍警備隊32名の計257名を尋常ならざる残酷な方法で殺害した。

日中戦争のこの重要事件を知らないのは堤氏の友人だけではない。他の多くの日本人も同様である。その理由について、『慟哭《どうこく》の通州　昭和十二年夏の虐殺事件』（飛鳥新社）を上梓《じょうし》した加藤康男《やすお》氏が非常に重要なことを指摘している——「日本政府は戦

後一貫して事件のことを口にしていない。奇妙なことだが、日中両国政府がこの事件を『なかったこと』にしてしまっているとしか思えない」。

中国への配慮からか、同事件に一切触れない外務省だけでなく、中国政府もこの事件を歴史から消し去ろうとしていると加藤氏が言うのは、現地を取材したうえでのことだ。いま事件現場を訪れると、城壁や城門はおろか通州城の面影を示す建物全てが壊されているそうだ。破壊は90年代に始まり、事件関連の建物の一切合切がすでに消えている。さらに通州は北京市に編入され、副都心化に向けた建設によって昔日《せきじつ》の歴史がきれいさっぱり拭《ぬぐ》い去られようとしている。

「南京や盧溝橋《ろこうきょう》はもとより、満洲各地にある旧大和ホテルに至るまでが『対日歴史戦』の遺跡として宣伝利用されていることを考えると、雲泥《うんでい》の差である。『通州虐殺事件』の痕跡《こんせき》は極めて都合が悪いので、完膚なきまでに消し去ったものとしか考えられなかった」との氏の直感は恐らく当たっていると思う。

凄惨《せいさん》な目撃談

中国人は長い時間をかけて歴史を書きかえつつあるのだ。日本人はこのことを胸に刻みつけておかなければならない。彼らは、恐らく人類史上最も残虐な民族である。

だからこそ、日本人を中国人よりもなお残虐な民族に仕立て上げ、免罪符を得ようとしていると思われる。そのためには、悪魔の所業としか思えない残虐な方法で中国人が日本人を殺害した痕跡の全てを消し去らなければならない。それがいま、通州で起きていることではないか。

通州事件が発生した前年の12月に、蔣介石《しょうかいせき》が張学良に拘束され、国民党と共産党が抗日で協力する体制が生まれた。西安事件である。国民党軍と共産党軍が対日戦で協力するとはいえ、中国各地には彼らの他に匪賊《ひぞく》、馬賊が入りまじって戦う複雑な状況があった。しかし、通州城内は防共自治政府の保安隊（中国人部隊）によって守られているから安全だと信じられていたと、加藤氏は説明する。

事件発生当時、邦人の安全を担う日本側の警備隊は用務員、小使らを加えても163名が全てだった。対する中国人保安隊は城内に3300名、城外に2500名がいた。

この勢力が29日午前3時すぎ、一挙に日本人を襲い始めた。悪魔の所業は加藤氏の『慟哭の通州』もしくは2016年に出版されたもう1冊の本、『通州事件　目撃者の証言』（藤岡信勝編著・自由社）に詳しい。

中国人は日本人の目を抉《えぐ》り取り、腹部を切り裂いて10メートル以上も腸を引っ張り出した。女性を犯したうえで無残に殺した。何人もの日本人を生きたまま針金で掌《てのひら》を貫いてつなぎ、なぶり殺しにした。日本人の遺体は全て蓮池《はすいけ》に放り込まれ、池は真っ赤に染まった。

こうして書いていると息が苦しくなる。日本人には信じ難い地獄を、中国人は実際に次から次へとやってのけた。なぜこんなことが分かるか。

夫が中国人で通州に住んでいた佐々木テンさんが事件の一部始終を目撃していたのだ。佐々木さんはその後、夫と別れて、昭和15年に日本に戻った。数十年後、彼女は佐賀県基山《きやま》町の因通寺《いんつうじ》住職、調寛雅《しらべかんが》氏に凄惨な目撃体験について語り始めた。それがいま、前述の『慟哭の通州』と『通州事件』につながっているのだ。

当時の歴史を振りかえると中国側が如何に対日戦争に向かって走っていたかがよく分かる。戦争をしたかったのは中国であり、日本ではなかった。このことは立命館大学の北村稔《みのる》名誉教授が林思雲《りんしうん》氏と共著で出版した『日中戦争―戦争を望んだ中国望まなかった日本』（PHP研究所）にも詳しい。

加藤氏も中国人の好戦性を書いている。昭和12年7月7日夜、北京郊外で勃発《ぼっぱつ》した盧溝橋事件は、国民党の宋哲元《そうてつげん》軍長麾下《きか》の第29軍が日本軍に発砲したことが契機である。日本政府はいち早く事件の不拡大を決定したが、中国側の挑発は続いた。10日には中国人斥候《せっこう》が日本軍将校を銃撃、13日には日本軍のトラックが爆破され、4名が死亡する「大紅門事件」が起きた。

反撃の材料

25日には北京郊外の駅、郎坊で軍用電線が中国側に切断され、修理に向かった日本軍の補修隊が迫撃砲による砲撃を含む激しい攻撃を受けた。ここに到《いた》って日本側は先に閣議決定しながら実施せずにいた派兵を実行することになったのだ。

こうした歴史を日本人は余りにも知らない。意識しない。中国の歴史捏造《ねつぞう》に反論しないのは、そもそも、このような歴史を知らないからだ。

中国が歴史を捏造し、日本に酷い非難を浴びせても、外務省は反撃しない。反撃の材料のひとつである通州事件にも、加藤氏が指摘するように一度も言及していない。

学校でも通州事件を含めて歴史そのものを余り教えない。この奇妙な知的無関心の中で、通州事件は、中国の企《たくら》むように忘れ去られていくのか。断じて、そんなことは許されないだろう。

私たちはもっと先人たちの思いや体験に心を致すべきだ。日本を作ってきた先人たちの努力や誠実さを知るべきだ。日本人の歩みを知らないことによって歴史の真実から遠ざかり、日本悪玉論を軸とする中国の歴史の見方に自ら転げ落ちてはなるまい。加藤氏の『慟哭の通州』と藤岡氏の『通州事件』を、日本人なら、いまこそ読むように強く勧めたい。

（２０１６年11月17日号）

【追記】

本書に通底するテーマのひとつが歴史戦である。中・韓両国の歴史の捏造は年毎《ごと》に悪質かつ巧妙になっている。常に日本人が悪者にされている。私たちはもし、日本が間違いを犯したりした場合、それを受け入れることに躊躇《ちゅうちょ》はないはずだ。だが歴史を捏造され、濡《ぬ》れ衣《ぎぬ》を着せられ、真面目《まじめ》に生きた先人たちの名誉を傷つけることは決して許さない。そのためにも、歴史についての学びを深めたいものだ。本文でも書いたように、加藤、藤岡両氏の通州事件に関する著書を読んでほしいと思う。

天皇陛下のお言葉に応えるにはどうすべきか

2016年8月8日、今上陛下が「お言葉」を発せられた。私たちは改めて天皇の役割と日本国の在り方について根本から考える機会を得た。今上陛下のお言葉にどう応《こた》えるのがよいか、政府は「天皇の公務の負担軽減等に関する有識者会議」を設置し、検討を開始した。私は、11月14日、専門家16人の1人として意見を述べる機会を与えられた。

有体にいえば、陛下のお気持を人間としての思いを軸に受けとめる場合と、国の在り方を基に判断する場合とでは、結論は異なりかねない。従って、いますべきことは、いわば情と理の二つの次元が近づき融和するところまで叡智《えいち》を絞って辿りつくことである。そのための努力が必要だと私は思う。

お言葉の趣旨は次のとおりだ。象徴天皇として国の安寧と国民の幸せを祈る祭祀《さいし》を大切にしてきた。人々の傍らに立ち、寄り添うことも大切にしてきた。しかし高齢によって全身全霊で象徴天皇の務めを果たすことが難しくなった。国事行為や公務の縮小による解決には無理がある。摂政を置いても、天皇の重責を果たし得ないまま天皇であり続けることになる。国民の理解を得て、こうした事態を避ける方法を導き出したい。

丁寧な表現で示されたお言葉からは譲位を望まれていることが明確に伝わってくる。圧倒的多数の国民は陛下の思いに共感し、譲位を可能にすべきだという意思表示をした。

災害時には被災地に足を運ばれ、病む人々の施設を分け隔てなくお見舞され、内外の戦跡を訪ねては鎮魂の祈りを捧《ささ》げて下さるお姿が国民の心にしっかり焼き付いている。全身全霊でご公務に打ち込んでこられたことを国民はよく知っており、両陛下に深く感謝している。それ故《ゆえ》に、こうしたことが高齢の身には辛《つら》くなったと陛下が仰《おっしゃ》ったとき、一も二もなく、大多数がお言葉を受け入れ、陛下の仰るとおりにして差し上げたいと願った。

私とて例外ではない。一人の国民としての私の素朴な思いは両陛下への感謝と尊敬に始まる。御心よ安かれとの願いも強い。従ってお言葉を耳にしたとき、如何にしてお言葉に応え得るのかという視点で考え始めたのは、ごく自然なことだった。

永続性と安定性

お言葉には「2年後には、平成30年」という表現もあった。やんごとなきお方の言語表現からすれば、これはそれまでの譲位を望まれていると解釈すべきであろう。その場合、時間は限られている。皇室典範を大幅に改正する余裕などどう考えてもない。ならば、制限された時間の中で、特別立法で対処するのがよいのか。法技術に関しては政府が叡智を集めれば道は開けるはずだ。このような考えが脳裡《のうり》に浮かび続けた。

同時に、その間にも、譲位を恒久制度化して問題はないのか、そもそも譲位を認めることは国の在り方とどう関わってくるのかという問いが、心の中にあった。皇室の安定と日本の形はどうなっていくのかという疑問も募った。

周知のように明治以前、譲位は度々行われた。だが、長い鎖国が破られ、弱肉強食の国際環境の中に日本が立たされたとき、先人達は譲位の制度をやめた。明治維新は、もはや機能しなくなった徳川幕府に代わって、天皇が政治、軍事、経済という世俗の権力の上位に立ち、国民の心を統合して成し遂げた大変革である。

国内事情だけを見ていれば事は治まった時代が去り、安定した堅固な国家基盤を築かなければ生き残れない国際競合の時代に入ったとき、先人たちは皇室にもより確かな形で永続性と安定性が必要だと考えたのではないか。国民統合の求心力であり、国民の幸福と国家安寧の基軸である皇室の安定なしには、日本の安定もないと考えたのではないか。それが譲位の道を閉ざした理由のひとつではないか。

歴史において譲位は度々政治利用された。時には国家・社会の混乱にもつながった。このことも譲位の制度をやめた一因ではなかったか。

それに対して、譲位の悪用などもはや現在の日本ではあり得ないとの声がある。そうかもしれない。だが、100年後、200年後はどうか。国の基盤については、長い先までの安定を念頭に、あらゆる可能性を考慮して、万全を期すことが大事だ。明治の先人たちが智恵を絞って考えた天皇の在り方は、その後の歴代天皇によっても固く守られてきた。昭和天皇は病いを得ても、ご公務がかなわなくとも、譲位なさらず、天皇として一生を完《まっと》うされた。

今上陛下のお言葉が発せられたことを考慮しても、このような歴史を振りかえれば、私たちは慎重でなければならないとの強い思いが湧《わ》いてくる。

ご高齢の陛下への配慮が当然なのは言うまでもないが、そのことと国家の在り方の問題は別である。この大事なことを明確に、冷静に、認識しなければならない。結論からいえば、私はご譲位ではなく摂政を置くべきだと考える。日本国の選択として、これまでのように天皇は終身、天皇でいらっしゃるのがよいと考える。皇室典範第16条2項に「又はご高齢」という5文字を加えることで、それは可能になる。

祭祀を中心軸に

だが、ここで再度、強調したい。大事なことは、国家の制度をきちんと守りながら、人間として、陛下の思いを丁寧に掬《すく》い上げ、その思いを実現すべく最大限の努力を、官民あげて、することだ。智恵を絞るのだ。それが圧倒的多数の国民の期待するところでもあろう。有識者会議が具体的目的として、ご高齢の両陛下の過重なお務めを如何にして削減するかを掲げた理由もそこにあると思う。

早急にできることがある。天皇陛下のお仕事は現在、①国事行為、②公的行為、③祭祀、④私的行為に分類されている。長い伝統に基づけば、皇室本来のお務めで第一に来るべきは③である。しかし連合国軍最高司令官総司令部（GHQ）は、国民のために祈る最重要のお務めを私的行為と位置づけた。

その順位をいま、実質的に変えるのである。天皇のご日常を③を最優先して、③①②の順に組み替えればよい。憲法や皇室典範を持ち込む必要はないだろう。地方や海外への行幸の折も、陛下は多くの公式行事の合間を縫うようにして祭祀をなさっている。天皇陛下に祭祀のための時間的余裕を設けることで、祭祀を中心軸とするご日常が可能になるのではないか。

このようにしたうえで、天皇陛下のお仕事を祭祀、国事行為、公的行為のそれぞれで整理し優先順位をつけ、普段から皇太子様や秋篠宮様との分担体制を工夫しておくのはどうか。祭祀、国事行為、公的行為は、現行制度の下でも皇太子様や秋篠宮様に代行していただくことが可能である。それをもう少し整理して進めることに何の問題もないはずだ。

現行法の下でできることは実は少なくない。現実的な工夫と努力を、摂政制度に重ねながら実践することで、陛下の御心にも沿えるのではないかと、私は願っている。

（２０１６年11月24日号）

【追記】

天皇陛下のお言葉について軽々に書いたり発言したりしてはならないとの思いから、私は余り、同件については書いてはいない。ただ、ずっと考え続けているのは確かである。そして、本稿のあと、二度、取り上げた。「週刊新潮」の２０１７年２月９日号と２月16日号である。興味のある方はお読みいただければと思う。

世論も今上陛下の御心に応えたいという点では一致しているが、多少、変化してきているのではないか。「産経新聞」の世論調査では、譲位を認め制度改正を急ぐべきだという意見の多さは変わらないものの、「慎重に検討すべきだ」が、お言葉直後の16年8月6〜7日の27％から、10月15〜16日には41％に上昇している。

日本軍人の真の姿を知ってもらいたい

近隣諸国から歴史問題を突き付けられる年月が重なり、それでなくても、GHQの占領政策に始まる戦後教育で「軍国主義」の弊害を教えられてきた日本人は、軍や戦争などというと、ほぼ自動的に全《すべ》て悪いことばかりだったと思いがちだ。

「日本だけが悪くて戦争をしたのではない。戦争に至った事情をよく見れば、当事国全てに相応の原因と責任がある」と主張してきた私でさえも、旧日本軍を人間的側面から正当に評価してきたかといえば、そうではない。

この点に関して、非常に多くを教えてくれる本に出会った。『七歳の捕虜 ある中国少年にとっての「戦争と平和」』（光俊明、現代教養文庫）である。

著者の光俊明氏は昭和10（1935）年10月、中国山西省南部の山岳地帯に生まれたらしい。生地一帯は耕地が少なく中国の最貧地区のひとつだ。貧しくとも、父母と妹の4人家族で幸せに暮していたが、父が徴兵され、生活は一変する。まず幼い妹が養女に出され、それでも苦しくて、母は再婚、再々婚を重ねた。彼女は心中固く、俊明少年に教育を受けさせたいと願っていたが、再婚した農民の夫は教育は無用と考えた。町に国民党軍が入ってきたとき、夫に棒でひどく殴打《おうだ》されても意思を変えなかった母は、郭中尉《かくちゅうい》に俊明を預け、教育してくれるよう要請した。俊明7歳のときである。

郭中尉は俊明を部隊に引き取り、駐屯先で学校に通わせた。ちなみに俊明《チュンミン》は郭中尉のはからいでつけた名で、俊明は自分の本当の名も父母の名も完全に忘れてしまった。

時は日中戦争の真《ま》っ只中《ただなか》だ。郭中尉の部隊は黄河の向こう岸の洛陽《らくよう》を目指した。移動は昼夜の別なく、降り続く雨の中、決行された。全員、下着まで濡れ、重い荷物を背負っての行軍でも、国民党軍の兵士たちは、幼い少年を励まし、手を引き、守りながら進んだという。通州事件で日本人を惨殺した中国兵の姿からは想像できない、幼い者に対する優しさが伝わってくる。

「痛かったろう」

しかし彼らは昭和18年6月、黄河に到達することさえできず、日本軍に投降し全員捕虜となった。「鬼のような日本軍」と信じ込んでいた俊明少年は、殺されるかもしれないと恐れた。だが、河南省済源県王爺廟《おうやびょう》に置かれた日本軍の本陣に到着したとき、彼は全く思いがけない取り扱いを受けた。俊明の足の傷に気づいた日本兵が駆け寄ってきて、口々に言ったのだ。「痛かったろう。さぞ痛かったろう」と。

「まるで自分たちがけがでもしたようにいたわって、いろいろな薬をつけ、真っ白な包帯を巻いてくれました」と、氏は述懐する。第37師団歩兵第227連隊でのことだ。彼は日本兵は「自分には何も害を及ぼさない、むしろかわいがってくれるかもしれない」と直感したと振りかえっている。

彼はまだ7歳、皆が彼を「チュンミン」ではなく、「俊明《としあき》」「俊坊《としぼう》」「俊《とし》ちゃん」と呼んで可愛《かわい》がった。日本軍は、十分な食事を与え、清潔さを保たせるなど、少年の健康に心を配った。中国語が堪能《たんのう》な倉内軍曹はまるでわが子に教えるように「毎日熱心に」日本語を教えた。鹿児島出身の日本兵は絵葉書を見せて、故郷の山や海、そこを行き交う船の様子も語ってきかせた。「俊坊」は「大きなだいこん、きれいな女の人に、きれいな景色。殺風景な所でばかり育った私は、こんな美しい所があるのかと、びっくり」した。

捕虜になって4か月、俊明少年は国民党軍の捕虜が、郭中尉を含めて全員、北京に移送されたことを告げられる。倉内軍曹は、無邪気に遊ぶ俊明が郭中尉の移送をどんなに悲しむかと思って言えなかったとして、こう説明したという。

「俊坊のことについては、彼(郭中尉)とよく相談し、話もいろいろ聞いた。郭中尉は、もう私は俊明に何もしてやれないから、日本軍の方で立派に育ててやってください、と頼んでいったよ」

国民党軍の中尉は、1人の貧しい母親から託された子供を大事に守ろうと最大限の努力をし、彼らを捕虜とした日本軍もまた、敵軍の中尉と相談したうえで幼子の運命に責任を持とうとしたのだ。

事実、俊明氏は、「中国軍捕虜が北京に送られて行ってしまってから、日本の兵隊さんたちは、いっそう私をかわいがってくれるようになりました」と書いている。

俊明少年はその後ずっと日本の敗戦まで、後に出会った軍医の加地《かじ》正隆《まさたか》大尉や倉内軍曹らと行動を共にする。それは華北から武漢、華南、ベトナム、タイまでの約7000キロを歩いて移動するという信じ難くも壮大な行軍だった。7000キロを、戦火をくぐりながら10歳に満たない少年が踏破したのである。日本軍はただでさえ大変な行軍の中で、少年を守り通した。軍事作戦上、それは決して少なくない負担だったはずだ。

軍人の人間的側面

途中幾度も、加地大尉は、八路軍や国民党軍との戦闘地域を進軍しなければならず危険なので、後方に残るのがよいと俊明少年に勧めている。その度に彼はそれなら自殺すると言い張って加地大尉らにぴったりくっついて離れなかった。

実は、俊明少年はこの戦場で日本への憧《あこが》れの気持ちを抱き始めている。凄《すご》いことではないか。それだけ日本軍兵士の、少年に対する愛情が本物だったということだ。1人2人の兵ではなく、部隊全体に幼い少年を守ってやりたいという愛情が存在したことの証《あかし》であろう。その想《おも》いが俊明少年の心に染《し》み透《とお》っていたからこそ、彼はずっと一緒に行動することを望んだのであろう。

37師団がベトナムに到達したとき、すでに日本は敗戦を迎えていた。全員がイギリス軍の捕虜となり、中国は戦勝国となった。

中国側が、俊明の身柄引き渡しを要求して引き取りにきたとき、彼は中国に戻ることを激しく拒否した。加地大尉が、日本は敗戦国だ、戦勝国の母国に戻るのがいいと説得すると、俊明は泣きながら町を飛び出し、大へビがいるといってこわがっていたジャングルに逃げ込んだ。その姿を見て、加地大尉は「日本に連れていき大学まで出してやろう」と決めた。

全員が昭和21年6月に日本に引き揚げた。俊明は満10歳になっていた。山西省山間部から7000キロ、3年余の旅をようやく終えたのだ。彼は加地氏の故郷熊本で、加地氏の子供として育てられ、大学まで進み、熊本出身の女性と結婚した。

その一生を辿《たど》れば、国民党軍、大日本帝国陸軍の軍人に共通する人間的側面があたたかく伝わってくる。このような日本軍の側面を、いまこそ私たちは語り伝えたいものだ。

（2016年12月1日号）

【追記】

この記事が出て暫《しば》くして、関西におられる加地伸行《のぶゆき》氏から、『七歳の捕虜』を読みたいのだが、手に入らないので暫《しば》し拝借したいとの連絡をいただいた。加地氏は私の尊敬する中国古典の専門家にして大阪大学の名誉教授である。驚いたことに、加地氏と、本文の加地大尉は親戚《しんせき》同士なのだという。私は加地氏に、是非、俊明少年の現在について教えてほしいとお願いした。私なりに俊明少年の消息を調べたのだが、御本人に行き着くことができていない。加地氏から新しい情報があれば、いずれ皆さんにもお伝えしたいと思う。

時代の趨勢《すうせい》も、その本質も見ないメディアがある

2016年11月23日、シンクタンク「国家基本問題研究所」のセミナーには約800人の聴衆が参加した。「トランプ政権と日本の決断」と題して約3時間半、活発な議論が続いた。会場後方には各テレビ局のカメラが並び、新聞社及び雑誌社の記者も取材に来ていた。

マスコミ席の近くに座っていた一般会員の若い女性が、私に語った。

「セミナーの間も、その後の質疑応答のときも、記者の人たちのパソコンを打つパシャパシャという音がずっと続いていました。それがあのときばかりはピタッと止《や》んだのです。誰もその一件はメモしなかった。とてもおかしな気がしました」

「あのとき」とは、質疑応答で参加者の1人が日本のマスメディアの責任について問うたときのことだ。安保法制、中国の脅威など、どの案件についても問題の本質が国民に十分伝わらず、感情的世論が生まれがちなのは、報道が偏向しているからではな

いかとの質問だった。私はそのとおりだと思っているが、その場面でどの記者もパソコンを打つ手を止めたというのには、思わず笑ってしまった。女性はさらに語った。

「ということは、マスコミの人たちの取材ノートには一般の人たちが感じているメディアへの疑問や批判は記録されないということですね。私は仕事で、お客様の批判には誠実に対応するよう心掛けていますが、マスコミの人たちの意識には、そういう考え方はないのでしょうか」

私はこの女性に感心した。そして国基研主催のセミナーについての今回の報道を振りかえって、改めて痛感した。日本のマスメディアは自らへの批判には応えず、本質から離れた低次元の報道に走りがちだということを。

「田舎のプロレス」発言

3時間余の議論の内容は極めて充実していたと、これは多くの参加者が評価して下さった。内閣官房副長官の萩生田光一氏、国基研副理事長の田久保忠衛氏、大和総研副理事長の川村雄介氏の3氏を論者として迎え、私が総合司会を兼ねて登壇した。

主な論点として、◎アメリカは超大国ではあるが、普通の国になった、◎国際社会の力学の変化と、避けられないアメリカの没落、◎トランプ型経済は、はじめ好景気、後に大きく後退、◎日本は中国の脅威に自力で対処するとき、◎尖閣諸島の海は非常に緊迫しており、事実を広く国民に公開する必要があるなど、3時間半が短く感じられた。

セミナーの終盤近くになって萩生田氏が質問に応えた。その中に国会での野党の反対の仕方を「田舎のプロレス、茶番のようなもの」という表現があった。失礼ながら、野党にはそのように言われても仕方がない面があると、私は実感している。

だが、全国紙5紙、共同、時事、NHK、テレビ朝日、フジテレビなどは一斉に、萩生田氏のその一言を中心に報道、批判した。新聞は一部デジタル版でセミナーの内容に触れたところもあったが、大方のメディアはほとんど無視だった。

あの長い時間取材して、なぜこんな内容の報道になるのだろうか。とりわけ酷《ひど》いのが「朝日新聞」だ。同紙は11月25日、「萩生田副長官　政権中枢《ちゅうすう》の発言に驚く」と題した社説を掲げ、「強行採決」「歴史認識」「首脳外交」の3点に絞って萩生田批判を展開したが、いずれも、朝日にそんな批判をする資格はあるのかと思う。

たとえば強行採決について社説子は、「国会で政府・与党が強引な態度をとれば、数に劣る野党が、さまざまな抵抗をすることは当たり前だ。それを『邪魔』と切り捨て、数の力で押し切ることも野党との出来レースだと言わんばかりの発言」だと論難した。

15年の安保法制のときのことを思い出してみよう。強引だったのは政府・与党だけではなかったはずだ。民主党（現民進党）などの野党は国会内での議論を置き去りにして、国会外でデモ隊と一緒になって、議員らしからぬ行動をとった。

それを朝日は社説でこう述べた。

「衆参で200時間を超える審議で熟議はなされたか」、「（なされなかった）その責任の多くは、政権の側にある」、「暴力的な行為は許されない。しかし、参院での採決をめぐる混乱の責任を、野党ばかりに押しつけるのはフェアでない」（15年9月19日）

翌日にはこう書いた。

「まさにいま安倍政権が見せつけているのは、日本が戦後70年をかけて積み上げてきた理念も規範も脱ぎ捨て裸となった、むき出しの権力の姿である」

またその前の9月18日にはこうも書いていた。

「国際社会における日本の貢献に対しても、軍事に偏《かたよ》った法案が障害になる恐れがある」

野党の反安保法制の姿勢に肩入れする余り、世界の実情を伝えるという使命を朝日は忘れてしまうのだ。国際社会で、日本の安保法制が軍事に偏っており障害だと批判する国は、中国や北朝鮮くらいのものだ。東南アジア諸国を含めて多数の国が安倍政権の安保法制を大いに歓迎した事実を、朝日は無視して偏向報道にのめり込んでいく。

政権憎しの感情論

民進党を見れば、集団的自衛権の行使に賛成する議員も少なくない。彼らは自民党政策の詳細について異論を抱いてはいても、大筋で安保法制は必要だと考えている。民進党現幹事長の野田佳彦氏も著書『民主の敵　政権交代に大義あり』（新潮新書）で、「いざというときは集団的自衛権の行使に相当することもやらざるを得ないことは、現実的に起こりうるわけです。ですから、原則としては、やはり認めるべきだと思います」（134頁）と書いた。

物事の道理を弁《わきま》えたまともな人物であり、党の重鎮でもある氏が、原則、認めるべきだと言明した集団的自衛権の条件つき容認に対して、民進党は廃案を掲げて選挙戦を戦い、敗れた。そしていま、思想信条で相容《あいい》れないはずの共産党との協力関係を進めることが論じられている。

朝日は自民党を「理念も規範も脱ぎ捨て裸となった」と批判したが、それはむしろ民進党にあてはまる言葉であろう。朝日の社説は、政権憎しの感情論で書かれているのか、それとも、批判の対象たる政党を間違えているのかしら。

朝日社説子は歴史認識についても萩生田氏を批判した。噴飯物である。如何なる人も、朝日にだけは歴史認識批判はされたくないだろう。慰安婦問題で朝日がどれだけの許されざる過《あやま》ちを犯したか。その結果、日本のみならず、韓国、中国の世論がどれだけ負の影響を受け、日韓、日中関係がどれだけ損われたか。事は慰安婦問題に限らない。歴史となればおよそ全て、日本を悪と位置づけるかのような報道姿勢を、朝日は未《いま》だに反省しているとは思えない。

民主主義は健全なメディアによる情報伝達があって初めて成熟する。そのことを心すべきだ。

（２０１６年12月８日号）

プーチンが北方領土を返さない理由

ウラジーミル・プーチンロシア大統領の来日が近い。2016年12月15日には安倍晋三首相の地元、山口県長門《ながと》市で、翌日には東京で、会談が行われる。首脳会談に向けた最後の準備に岸田文雄外相がロシアを訪れたが、岸田氏を迎えるロシアの雰囲気は控え目に言っても厳しかった。

12月2日、氏はサンクトペテルブルク市で1時間50分待たされて、ようやくプーチン大統領と約30分会えた。翌日はモスクワでラブロフ外相と昼食込みで2時間40分会談したが、その後の共同記者会見でラブロフ氏は領土問題の早期解決は難しいとの見方を示している。

こうした中で安倍首相はプーチン氏との頂上会談に臨む。これまでに日本の対ロシア経済協力に関する情報は多々報じられたが、平和条約締結、北方領土返還の見通しについての確たる情報は少ない。安倍政権中枢筋でさえ、本当のところはトップ2人、安倍、プーチン両首脳しか知り得ないと語る。安倍首相の北方領土問題を含めた日露関係への「新しいアプローチ」に、プーチン大統領がどのように対応するのか。成果は文字どおり、首脳2人に全面的に委《ゆだ》ねられている。

プーチン大統領は、他の指導者ならほぼ不可能だと言われている前向きの決断、北方領土の日本への帰属を明確にするという決断を下せるだろうか。そもそもプーチン氏とはどんな人物なのか。氏を動かすものとは何か。氏が信じる価値とは何か。こうした事柄について、北海道大学名誉教授の木村汎《ひろし》氏の近著、『プーチン　人間的考察』『プーチン　内政的考察』（いずれも藤原書店）は、合わせて1200頁余、ロシア及びプーチン分析では他の追随を許さない。

プーチン像を、木村氏は「人誑《ひとたら》し」という言葉で鮮やかに表現した。プーチン氏は父親同様、ソ連（ロシア）の情報要員、つまりスパイとして働くべく、KGB（旧ソ連国家保安委員会）に勤めたが、チェキストと総称される彼らに叩《たた》き込まれるのは、「人間関係のプロフェッショナル」になることだと、これはプーチン氏自身が語っている。

ブッシュを釣針に

ロシアの名門紙「コメルサント」の女性記者、エレーナ・トレーグボワは、プーチン氏とは「絶対的に対立し合う立場」だったが、プーチン氏は、「彼と私があたかも同一グループに属し、同一利益を共有しているかのような気分にさせてしまう」と振り返っている。

木村氏はさらにジョージ・W・ブッシュ米大統領が如何《いか》に「めろめろ」にされたかも描いた。反ソ、反露主義のブッシュ氏は、大統領就任後、なかなかプーチン氏に会おうとしなかったが、2001年6月16日、とうとう会談した。そのときプーチン氏は、幼いときに母親から貰《もら》った十字架を見せて、マルクス主義の下でロシア正教の信仰が禁止されていた少年時代に、母親の計《はから》いで洗礼を受けた体験を、ブッシュ氏に静かに語ったそうだ。

ブッシュ氏は明らかに心を動かされ、次の言葉を残している。「私はこの男（プーチン）の眼をじっと見た。彼が実にストレートで信頼に足る人物であることが判《わか》った」。

英国人ジャーナリストのロックスバフ氏は、「ブッシュは、プーチンの釣針に見事に引っ掛った」と評したが、木村氏はこの人誑しのイメージとは異なる別のプーチン評も紹介する。

「プーチンは自己（および家族）のサバイバルやセキュリティ（安全）を何よりも重視し、この目的達成を人生の第一義にみなして行動する人間」（プーチンの公式伝記『第一人者から』の執筆者の評）であり、プーチンの胸深くには、「己が何が何でも〝サバイバル〟せねばならないという欲望が、一本の赤い糸のようになって貫いている」と、断じるのだ。

プーチン氏は上半身裸で馬を駆ったり、釣りをする姿を好んで映像にとらせる。そこから連想されるマッチョなイメージとは正反対に、彼は「臆病《おくびょう》すぎるほどの慎重居《こ》士《じ》」だと、木村氏は見る。

従ってプーチン氏はいかなる人間をも絶対的に信頼することはない。常に複数の人間に保険をかける。状況が動いているときにはとりわけそうだ。

「小さな戦争」

そのプーチン氏が権力保持のために注意深くコントロールしてきたのが、①ロシア国民、②反対派諸勢力、③プーチン側近のエリート勢だ。

①は新聞・テレビなどのメディアを国営化し、人事をプーチン派で固め、自分に好都合な情報だけを報じることでコントロール可能だ。ちなみに、２０１４年段階でロ

シア人の情報源は60％がテレビ、インターネットは23％にとどまる。
②は苛酷《かこく》で執拗《しつよう》で非情な手段を用いて、命まで奪いとることで押さえる。一例としてイギリスに亡命したリトビネンコ氏に放射性物質のポロニウムを飲ませて殺害した疑いがあげられる。
最も手強《てごわ》いのが③の側近による反乱、宮廷クーデターである。そのような事態が起きるとすれば、中心勢力は旧ＫＧＢ関係者を含む「シロビキ」だ。万が一にも反乱の可能性があれば、プーチン氏はその芽を摘みとる。それが16年4月、関係者を驚かせた一大決定だった。

プーチン氏が命じたのは国家親衛隊の創設だった。新組織は生半可なものではない。そこに配置転換された人数は40万人、ロシア正規軍の約半分に相当する規模である。新組織の長にはプーチン氏の長年の柔道仲間で、「プーチン氏に最も献身的に尽くす人物」と評されるゾロトフという人物が選ばれた。

こうした中、16年3月に行われた世論調査では、ロシア人の82％がプーチン大統領を支持し、同じく82％がロシアは深刻な経済危機に直面していると答えた。深刻な経済危機は為政者への批判につながるのが世界の常識だが、ロシアではそうなっていない。なぜか。

ロシア人は今日の食事に困っても、ロシアという「偉大な国家」が国際社会で存在感を示し、大国の栄光を回復するなら、精神的に満足するからだと解説されている。加えて、プーチン氏は経済的困難を外敵の所為《せい》にして、対外強硬路線を取って求心力を高め、自身への支持率上昇につなげる。クリミア、シリアなどでの「小さな戦争」は、ロシア国民のナショナリズムを呼び醒《さ》ます効果を生む。米欧諸国はそれに対して対露制裁を強化する。するとプーチン氏は新たな小さな戦争を始めて国民のナショナリズムに訴える。

完全な悪循環の中にあるのがプーチン大統領である。この尋常ならざる背景を背負ったプーチン大統領が、領土問題でどれだけ日本の主張に対応できるのかと、考えざるを得ない。ラブロフ外相の硬い交渉姿勢を超える、柔軟で前向きの展望が、今回の会談から生まれるのか。固唾《かたず》をのむ思いである。

（２０１６年12月15日号）

【追記】

安倍晋三首相とウラジーミル・プーチン大統領の首脳会談で、両首脳の「信頼関係」は深まったかもしれないが、結局、日本にとっては大いなる肩スカシの結論に終わったと言ってよいだろう。領土問題の解決という意味では、日本の立場は１９５６年の日ソ共同宣言の水準にも達することができなかった。外交上手の安倍首相の、手痛い失敗である。

現行憲法がある限り、「拉致《らち》」は解決できない

2016年10月下旬、都内の友愛会館で開催された拉致問題解決を目指す集会で横田早紀江さんが近況を語った。

「主人の具合がはかばかしくありません。私自身も、あちらこちら具合が悪くて困っています」

めぐみさんが拉致されて2017年で40年、北朝鮮にいると判ってからでもすでに20年が経《た》つ。13歳の少女は来年53歳になる。

集会でいつも早紀江さんは問う。なぜ、こんなに長い間、日本国は拉致された国民を取り戻せないのか、日本は国家か、と。

「救う会」は毎年のように、韓国やタイの拉致被害者の家族を日本に招いてきたが、ある年、父親を拉致された韓国の女性が訴えた。訴えは、日本が羨《うらや》ましいという一言に凝縮されていた。国民も国会議員も一堂に会して拉致問題解決のために声を上げる。

救う対象には韓国人もタイ人も含まれている。他方、韓国では政府も民間も拉致問題に非常に冷たい。家族は皆辛い思いをし、経済的にも困っている。それなのに、まるで父が悪いことをしたかのように、冷たい言葉を浴びせられる。だから官民あげて救出を叫ぶ日本が本当に羨ましい、という内容だった。

確かに「救う会」も家族会もこの20年、日本人のみならず全ての拉致被害者を救出するという大目的を掲げ、その時まで拉致問題を忘れないと、言い交わしてきた。

この思いは12月11日、愛知県豊川での集会でも強く感じた。地元の豊川駅にはめぐみさんや田口八重子さんらの写真や資料が展示され、会には豊川市議会議員の八木月子さんたちを中心に大勢が集まった。

しかし、日本は本当に、韓国の被害者家族が羨ましがる程きちんとした国だろうか。日本政府は、とりわけ安倍晋三首相の固い決意もあり、国をあげて拉致問題を解決すると宣言し、努力しているのに、未だに解決できていない。なぜか。

5人を帰すべきではない

「日本のこころ」代表の中山恭子氏と、この点について語り合った。中山氏は1999年から3年間、ウズベキスタン共和国の大使を務めた。赴任後間もなく、日本人の鉱山技師4人と通訳らが隣国のキルギス共和国で拉致される事件に遭遇した。結論から言えば、彼女は救出に成功したのだが、その体験から、日本が拉致被害者を救出できない原因が見えてくる。

最大の原因として、日本には、とりわけ外務省には、国家の責任で国民を救出するという考え方自体がなかったというのだ。いま、事情は多少変化しているとはいえ、海外で被害に遭った国民に対しては、国家としての日本は無関心であり続ける構造になっているという。

具体的に見てみよう。氏は02年8月に3年の任期を終えて帰国、翌月の10日に退官した。拉致被害者家族担当の内閣官房参与に任命されたのはその直後の9月26日だ。首相は小泉純一郎氏、官房長官福田康夫氏、官房副長官が安倍晋三氏だった。

「内閣官房参与として、10月15日には平壌《ピョンヤン》に蓮池薫さんたち5人を迎えに行きました。その日から毎日、政府内で議論が続きました。官房副長官の安倍さんを中心に、関係省の担当者全員が集まった議論では、5人は日本に1週間滞在したあと、北朝鮮に戻るのが自明のことのようになっていました。ただ、安倍さんは何となく納得していなかったと思います。そうした中で、私は5人を北朝鮮に帰すのはおかしいと主張しました」

5人を帰すべきでないと、はっきり主張したのは中山氏1人であり、氏の意見を、安倍氏を例外として、その場の全員が奇異なものと見做《みな》したという。

「もう決まっていることをなぜ今頃ひっくり返すのか、という反応ばかりでした」と、中山氏。

5人の日本滞在期間とされた1週間が過ぎようとしても、まだ安倍官房副長官の下で、それこそ埒《らち》のあかない議論が続いていた。そのとき、5人の意思を確認する必要があるとの意見が出された。その意図は、蓮池さんは必ず北に帰ると言うであろうとの読みだと、氏は思いつつ、「どうぞ」と答えた。

「5人にその意思があろうとなかろうと、残すべしと、私は考えていました。会議では5人の意思確認のために、滞在をあと3日（02年10月25日まで）延ばすことになりました」

結論から言えば、全員が残留を希望した。ただ、北朝鮮に残してきた家族を、必ず日本政府が連れ戻してほしいという強い要望があった。5人の気持が確認できたとき、新たな問題が生じた。

「日本残留を希望する本人たちの意思を無視して、政府が5人を北朝鮮に帰すことはできない、という論理で進めようとしたのです。それは違う。私は異議を唱え、日本国政府の意思で5人を残すとするのが筋だと主張しました。またそこで議論が噛《か》み合わなくなり、安倍さんが一旦《いったん》休憩しようと仰《おっしゃ》って散会しました」

「国家の意思」

氏は、会議室を出たところで、取材陣に囲まれ、一体何を揉《も》めているのかと問われた。

「若い記者のその質問に、私の方がびっくりしました。詳しく話すわけにもいきませんので、私は『国家の意思の問題です』と答えました」

大使として日本国を代表し、国家を担って働いた中央アジアからその年の夏に帰国、赴任中に拉致された日本人の救出に全力を尽し、成功した中山氏からみれば、拉致問題の解決、即《すなわ》ち、一人一人の国民の命を守り、身柄を取り戻すことは個人の意思の問題ではなく国家の意思の問題そのものだった。しかし、そのような思いは理解されるどころか、「国家の意思」という言葉自体が激しい反発を呼んだと氏は振り返る。

「その日の午後、事務所にも自宅にも大変な数の抗議の電話やファックスが入りました。国家などという言葉を使うとは何事かという非難でした。今では考えられないでしょうが、02年10月段階ではそうでした」

結局、安倍氏の判断で5人は政府の意思、即ち、国の意思で、日本に残すと発表したが、中山氏は日本国は異常だと痛感した。

国際社会では当り前の「国家」という言葉さえ使えない風潮の中で、政府は非常に注意深く、タブー視されていることや言葉には、触れないできた。日本全体の価値観が信じ難い程、おかしくなっている。国家の意思、或《ある》いは責任について語ること自体が現行憲法下ではあってはならない事柄だという国に、日本はなってしまった。であれば、外務省も当然、国民を守るために動くことなどしてはならないと考えるわけだ。

横田早紀江さんは、拉致された国民を救えない日本は国かと、問い続ける。早紀江さんの問いに、現行憲法下の日本は答えることなどできない。現行憲法の精神に染り続ける日本は到底、国たり得ないのであり、従って、拉致被害者も救えないからである。

（2016年12月22日号）

【追記】

こうした状況下、家族会、救う会を中心に、民間の側から、「2017年中に拉致を解決せよ。そのために、対北制裁を緩和せよ」という要求が出された。北朝鮮の弱味を逆利用する決死の提言である。

文庫版あとがき

本書の出版から2年半、世界は激変し、とみに危険で予測困難な場所になりつつある。

日本の足下では大韓民国大統領の文在寅《ムンジェイン》氏が暴走中だ。文氏の目的は南北朝鮮民族を統一して北朝鮮と連邦政府を樹立することと見て間違いないだろう。氏にとって社会主義革命の成就《じょうじゅ》が最優先事項で、日米韓の協力や同盟は究極的に捨て去るべきものなのである。文氏の戦略が成功すれば、大韓民国は消滅し北朝鮮主導の統一朝鮮が誕生する。文氏のそのような対北朝鮮従属外交の実態は徐々に韓国国民の知るところとなり、いまや韓国世論を二分する、烈《はげ》しい内戦が展開されている。

北朝鮮は2017年7月以降複数回ミサイルを発射し、その度に技術を向上させてきた。わが国の今年度の防衛白書は北朝鮮が核兵器の小型化及び弾頭化を実現済みだとの可能性を明記した。核弾頭を搭載した中距離弾道ミサイルが実戦配備されている可能性も否定できない。わが国全土が北朝鮮の核攻撃の射程内に入ったのであり、戦後最大の危機である。

朝鮮半島をはじめ日本周辺では、米国の影響力排除を狙《ねら》って中露、とりわけ中国が勢力拡大を目指して暗躍する。中国はインド太平洋で弱小国を中心に着々と拠点を築きつつある。米海軍の遊弋《ゆうよく》する海で中国は足場を強化し、米国に取って替わる覇権国の地位確立を目指している。

中東においても核兵器の拡散防止が徐々に、しかし、着実に困難になりつつある。緊張が高まる中、ひとつの出来事をきっかけに世界情勢が一挙に緊迫化し本格的な軍事衝突が生じかねない。その種の危険をはらんでいたのが、まさに9月14日の事件ではないか。

イランの革命防衛隊と推測される勢力がサウジアラビアの石油施設に無人機による攻撃をかけ、大炎上させた。サウジ東部の石油施設アラムコは天に向かって立ち上る炎と黒煙に包まれ、同国は日量生産能力の半分以上、570万バレルにして世界生産量の5%を一挙に失った。

せいぜい数万円の無人機が数億円のミサイル、或《ある》いは数十億及至《ないし》数百億円のミサイル防衛網の裏をかいて壊滅的結果をもたらした。既存の兵器体系が新型攻撃の前で無力化され、戦争の型が根本から変化する現実を同事件がつきつけた。

それにしても「世界で最も高度」だといわれる米国やサウジの防空システムは如何《いか》にして無力化されたのか。攻撃から日を置かずして、ポンペオ米国務長官が米国のインテリジェンス能力の一端を披露し、アラムコ攻撃はサウジに対する「直接の戦争行為」だと強い非難の声明を発した。サウジ国防省も米国と歩調を合わせてイラン関与を示す情報を公開したが、それによると①攻撃には無人機18機、巡航ミサイル7発が使用されていた、②兵器の破片からミサイルはイラン製の巡航ミサイル「ヤ・アリ」で、無人機は「デルタ・ウイング無人航空機」だった、③攻撃は明らかにイラン・イラクの位置する北方向から行われており、当初犯行声明を出したイエメンの位置する南からではない、などというものだった。

安倍晋三首相がイランの最高指導者ハメネイ師と会談した6月13日にも、ホルムズ海峡で日本向けの油を満載したタンカーが攻撃された。安倍・ハメネイ会談を嘲笑《あざわら》うかのように犯行に及んだ勢力は一体何者だったのか。結果次第では日本のエネルギー生命線が断ち切られかねない深刻な事態だ。米国は直ちにイラン革命防衛隊の犯行だと主張し、その証拠とする映像を公開した。しかし、サウジ攻撃のケース同様、イラン側は関与を全否定し、犯人は現在も特定されていない。

イランにおける最強の組織が革命防衛隊だ。安倍・ハメネイ会談に当てて日本のタンカーを攻撃したのが彼らだったとすると、イラン最強の暴力組織は最高指導者、ハメネイ師の命令にも従わないと見て良いのか。その場合、彼らは無人機に中国並みにＡＩを組み込み、近隣のサウジは無論、彼らが宿敵と見做《みな》すイスラエルをも独自の戦略に基づいて攻撃し得るということか。他方、攻撃がハメネイ師の指示に基づくとすれば、ハメネイ師は攻撃によって何を得ようとしたのか。

9月23日、ニューヨークにおける国連総会に臨んだ英独仏首脳が会談し、サウジ攻撃の件に関して、イラン犯人説を主張する米国の立場を支持した。トランプ大統領が18年5月にイランとの7ヵ国（米英仏中露独イラン）核合意から離脱する発表をした後も、英独仏3ヵ国はトランプ氏の決定を是とせず、イランとの核合意を遵守《じゅんしゅ》する立場を崩さなかっただけに、欧州の3大国が方針を変更したことは重い意味を持つ。

イランによるサウジ攻撃や核開発を阻止できなければ中東情勢は大激変する。イランはイスラエルを滅ぼすと宣言してきた国だ。イランの核保有が現実に近づけばイスラエルは確実に反イランのサウジやアラブ首長国連邦と連携を強めるだろう。両国がイスラエルの核の傘の下に入る可能性も十分にある。

一方、サウジはイスラエルとの協力関係とは別に独自に核武装する道がある。パキスタンのA・Q・カーンの所業を描いた『核を世界に売り捌《さば》いた男』（ゴードン・コレーラ　ビジネス社）にはサウジがパキスタンの核開発に資金協力を惜しまなかったことが描かれている。その見返りは、サウジが望めばパキスタンはいつでも核を提供することだ。イランが核武装すれば、サウジは「ひと月も置かずして」パキスタンから核を手に入れるというのが専門家の見方である。

サウジの核武装は必然的にエジプト及び他の中東諸国に連鎖反応を引き起こすと考えられる。中東の核ドミノである。重きをなしてきた米国の影響力の低下が中東情勢の不透明さに拍車をかける。

米国の覇権に挑み続ける中国は建国70周年を祝い、習近平国家主席は「中国の夢」「偉大なる中華民族の復興」に突き進む。19年度の国防予算は公表分だけで20兆円に迫り、日本の防衛予算の約4倍に上る。伝統的兵器体系の先鋭化に加えて最先端兵器の開発に力を注ぐ姿勢からは、米軍を凌駕《りょうが》せずにはおかないという闘争心が見てとれる。

彼らは世界で初めてサイバー部隊を創設した。米国が宇宙開発を小休止した間にいち早く月に到達し、軍事拠点の構築にとりかかった。宇宙空間の支配に必要な独自の宇宙ステーションの完成は22年だとされる。

サウジ攻撃事件で安価な攻撃兵器として俄《にわ》かに注目を浴びた無人機の開発でも、中国は世界最前線を走る。17年6月には119機のマルチコプター無人機を同時に飛ばし、AIを組み入れた全機が自律的に任務を遂行した。その後中国はひたすら規模拡大の道を進み18年4月には1374機で同様の成果をおさめた。中国はいまや世界の無人機の70%を生産する。

これこそわが国にとって最も深刻かつ現実的脅威である。仮にこれらの無人機が尖《せん》閣《かく》や沖縄奪取に投入されれば、どうなるか。中国は7月24日発表の国防白書で、これまで触れていなかった「尖閣諸島の防衛」を明記した。わが国固有の領土である尖閣諸島を中国領だと、不届きにも、断じている。のみならず、25日には長崎県五島市沖の排他的経済水域で不法な海洋調査を行い、海上保安庁の警告を無視して4時間も居座った。尖閣・沖縄の先に彼らが五島列島まで見据えていることを、日本人は認識すべきであろう。

日本の資源と領土を狙う中国が攻撃を仕かけないとは断言できない。攻められた場合、有体《ありてい》に言ってわが国に防衛・対抗手段はない。日本の足下は危機に満ちている。日本の国防の脆弱《ぜいじゃく》さ、その深刻さをサウジの事例が警告しているではないか。

中国は執念深い。自国の優位を他国に受け入れさせ従わしめることを無上の悦《よろこ》びとする。200近い国々が存在する地球社会で重要なことは相互尊重である。しかし中国は国と国との対等な関係よりも、上下関係に基づく秩序を志向する。彼らが掲げる「中国の夢」は共産党一党支配の枠の中に自国のみならず、他国をも包摂することであろう。

日本はどうすべきか。

トランプ外交は予見しにくいが、日本はトランプ政権の対中外交を支えていくのがよい。対中外交においてまず日本自身が不必要な譲歩をしたりすることを断じて慎み、そのうえで米国がぶれないように助言していくべきだ。トランプ大統領は17年12月に堂々たる国家安全保障戦略報告を発表済みだ。中国を米国の真の脅威と位置づけ、同盟諸国と共に中国の脅威に備えるという伝統的戦略である。

19年9月の国連総会演説でもトランプ氏のメッセージは明らかだった。中国を念頭に、世界は「支配欲に駆られる余り、他国に君臨する天命を担《にな》っていると考える国」と、「自らを治めたいだけの国」とに二分されていると語った。こうした認識を米国が中国に対して抱いていることに、ウイグルやチベットの人々だけでなく、世界の弱小国はほっと胸を撫《な》でおろしたことだろう。米国に期待するのは、中国に対するこの基本的認識をゆるがせにしないことである。

日本の役割は国防は同盟国との連携強化で当たるのが正しい道だと、行動で示すことだ。その役割を果たすには、しかし、日本自身がまともな普通の独立国になるべく、変わらなければならない。その第一歩が憲法改正であることは、もはや、説明の必要もないであろう。

冒頭に記したように世界の変化は速い。かつてなく速い。その変化を日本国として賢くかいくぐり、日本人全体で雄々しく乗りこえていきたいと願っている。

令和元年10月5日

本書は平成二十九年五月新潮社より刊行された。

新潮文庫最新刊

宮部みゆき著
この世の春（上・中・下）
藩主の強制隠居。彼は名君か。あるいは、殺人鬼か。北関東の小藩で起きた政変の奥底にある「闇」とは……。作家生活30周年記念作。

宮部みゆき著
ほのぼのお徒歩《かち》日記
江戸を、日本を、国民作家が歩き、食べ、語り尽くす。著者初のエッセイ集『平成お徒歩日記』に書き下ろし一編を加えた新装完全版。

岡本綺堂著
宮部みゆき編
半七捕物帳 ―江戸探偵怪異譚―
捕物帳の嚆矢にして、和製探偵小説の幕開け。全六十九編から宮部みゆきが選んだ傑作集。江戸のシャアロック・ホームズ、ここにあり。

畠中恵著
とるとだす
藤兵衛が倒れてしまい長崎屋の皆は大慌て！父の命を救うべく奮闘する若だんなに不思議な出来事が次々襲いかかる。シリーズ第16弾。

霧島兵庫著
甲州赤鬼伝
家康を怖れさせ、「戦国最強」の名を歴史に刻んだ武田の赤備え軍団。乱世に強い光芒を放った伝説の「鬼」たちの命燃える傑作。

小島秀夫原作
野島一人著
デス・ストランディング（上・下）
デス・ストランディングによって分断された世界の未来は、たった一人に託された。ゲーム『DEATH STRANDING』完全ノベライズ！

新潮文庫最新刊

浅生鴨著
二・二六 ―HUMAN LOST 人間失格―
全ては百年前、「二・二六」事件から始まった。SFアニメ『HUMAN LOST 人間失格』の過去を浅生鴨が創案する。

柾木政宗著
朝比奈うさぎは報・恋・想で推理する
美少女(ストーカー)VS.初恋同級生(キャバ嬢)。名探偵への愛のついでに謎を解く。妄想推理が炸裂する、新感覚ラブコメ本格ミステリ。

川上未映子
村上春樹著
みみずくは黄昏に飛びたつ
川上未映子 訊く／村上春樹 語る
作家川上未映子が、すべての村上作品を読み直し、「村上春樹」の最深部に鋭く迫る。13時間に及ぶ、比類なきロングインタビュー！

櫻井よしこ著
一刀両断
国際政治が大激動している。朝鮮半島、中東、米国、そして中国。日本はどうすべきか――。「週刊新潮」の長期人気連載シリーズ。

「選択」編集部編
日本の聖域《サンクチュアリ》シークレット
「がん告知」の闇から安倍首相「私邸」まで。この国の秘密の領域に鋭く斬りこむ会員制情報誌の名物連載第五弾。文庫オリジナル。

ライマン・フランク・ボーム
畔柳和代訳
サンタクロース少年の冒険
一人の赤ん坊が、世界に夢を与える聖人に成長するまでの物語。『オズの魔法使い』の作者が子どもたちのために書いた贈り物。

一《いっ》刀《とう》両《りょう》断《だん》

新潮文庫　さ－41－14

令和元年十二月一日発行

著者　櫻《さくら》井《い》よしこ

発行者　佐藤隆信

発行所　株式会社 新潮社

郵便番号　一六二―八七一一
東京都新宿区矢来町七一
電話 編集部(〇三)三二六六―五四四〇
読者係(〇三)三二六六―五一一一
https://www.shinchosha.co.jp

価格はカバーに表示してあります。

乱丁・落丁本は、ご面倒ですが小社読者係宛ご送付ください。送料小社負担にてお取替えいたします。

印刷・大日本印刷株式会社　製本・株式会社植木製本所

ISBN978-4-10-127234-4 C0195